AF375527

Stefan Blankertz | Wortmetz | Anarchist ab 1970 | Lyrik und Politik *für* Toleranz und *gegen* Gewalt
Robert Grözinger | Diplom-Ökonom | freier Journalist | Übersetzer | Kolumnist bei den FreiheitsFunken

stefan blankertz

wider den triumph repressiver egalität

zur anatomie gekränkter herrschaft

mit einem geleitwort von robert grözinger

edition g. 129

Rothbard Institut
FÜR IDEOLOGIEKRITIK

ORIGINALAUSGABE

Herstellung und Verlag:
BoD – Books on Demand,
Norderstedt

© 2023 Stefan Blankertz,
editiongpunkt.de

Alle Rechte vorbehalten

ISBN 978-3-7578-5267-2

inhalt

zum geleit von robert grözinger

Die große Masse der sich in der Coronakrise herausgebildeten Gruppe der «Querdenker» ist nicht libertär – sie war meist sehr etatistisch, also staatsgläubig. Die Betonung liegt auf «war». Diese Menschen sind jetzt auf der Suche nach neuer Orientierung. Dass sie für sich den Libertarismus entdecken, davor haben manche verbliebene Staatsgläubige offenbar große Angst.

Die Idee der individuellen Freiheit ist Jahrhunderte alt. Mindestens. Mit fundierter Begründung kann man ihre tiefsten Wurzeln in der Exodus-Geschichte der Bibel erkennen. So alt diese Idee ist, so alt ist auch der Kampf ihrer Protagonisten gegen die Vertreter der Gegenposition, nämlich die Idee, dass eine «Elite» über den großen Rest der ihr untergebenen Masse an Menschen herrschen sollte. Dass dies legitim sei, wenn diese Elite angeblich erleuchtet und/oder sonstwie, zum Beispiel rassisch, «besser» als der Rest ist. Es ist die Idee einer Elite, die sich anmaßt, die einzig richtige Vorstellung der Ordnung zu haben, unter der jeder einzelne Mensch zu handeln und gar zu denken hat. Einer Elite, deren Mitglieder ihren Untertanen die Entdeckung einer für sie vorteilhafteren Ordnung nicht zutrauen. Oder die ihr diese durchaus zutrauen, die aber eine solche Ordnung kategorisch ablehnen, weil sie sich selbst für gottgleich halten und auf Grundlage dieser pathologischen Verblendung in Versuchen, solche auf Frei-

---

1 Die ersten Fassungen einiger der in diesem Buch entwickelten Gedanken wurden von Stefan Blankertz in fünf Teilen auf der Plattform Freiheits-Funken im Januar 2023 veröffentlicht. Diese Worte zum Geleit schrieb ich zum Abschluss der Serie. Sie erschienen ebendort am 06. 02. 2023.

willigkeit basierenden Ordnungen zu errichten, frevelhafte Infragestellungen ihrer Sonderstellung wittern – womit sie durchaus recht haben.

Die Mitglieder der Herrscherklasse meiden natürlich das Eingeständnis einer solchen Motivation wie der Teufel das Weihwasser, da sie sich damit selbst als die Psycho- oder Soziopathen entlarven würden, die sie sind. Weil der Libertarismus ihnen einen sehr klaren Spiegel vorhält, meiden sie die ehrliche Auseinandersetzung mit ihm. Das heißt aber nicht, dass sie dessen Ideen nicht wahrnehmen.

Ich schreibe seit gut 20 Jahren mehr oder weniger regelmäßig für *eigentümlich frei* und jetzt auch für *FreiheitsFunken*. In diesem Umfeld sammeln sich die Freiheitsbewegten des deutschsprachigen Raums. Oft genug konnte ich im Verlauf dieser Jahre beobachten, dass ein relativ obskures Thema, das ich zufällig in einem Artikel angerissen hatte, etwa zwei Wochen später – befreit von allen libertären Gedanken – auf den Seiten von zum Beispiel «Spiegel Online» auftauchte, einem der wichtigsten Propagandarohre der transatlantisch eingenordeten Herrscherklasse in Deutschland. Anderen *ef*-Autoren wird es sicherlich ähnlich ergangen sein. Während also die Elite die libertäre Ideenwelt mit Argusaugen argwöhnisch beobachtet, tut sie ihr Möglichstes, sie demonstrativ «nicht mal zu ignorieren».

Besser gesagt: Sie tat es. Neuerdings ist in unseren Breiten aus der passiven Diskursverweigerung eine aktive geworden. Soviel ist seit dem Erscheinen im vergangenen Herbst eines Buches von Carolin Amlinger und Oliver Nachtwey klar. Ein Buch mit dem absurden Titel «Gekränkte Freiheit – Aspekte des libertären Autoritarismus». Ich sah das vom Suhrkamp Verlag herausgegebene Werk Ende Oktober in der Auslage einer Filiale einer großen Buchhandelskette in einer norddeutschen Großstadt. Auf dem Rücken des eingeschweißten Produkts wurde aus der Besprechung ausgerechnet des «Spiegel» zitiert: «Kritische Theorie hat selten mehr eingeleuchtet.»

Schon von außen war also zu erkennen, dass dieses Werk eine von der Herrscherklasse in Auftrag gegebene Schmähschrift war, ein Versuch, eine gegen den Libertarismus gerichtete üble Nachrede in populärwissenschaftlichem Gewand zu präsentieren. Geschrieben von Anwärtern auf höhere Weihen der Elite. Laut Amazon ist es am 10. Oktober 2022 erschienen und inzwischen – Stand Anfang Februar 2023 – «Nr. 1 auf der Sachbuch-Bestenliste (DLF Kultur / ZDF / Die Zeit)».

Diese neue, aggressivere Reaktion der Elite auf ihre grundsätzlichsten, nämlich libertären Gegner erforderte eine schnelle, gründliche und umfassende Antwort. Stefan Blankertz griff den Fehdehandschuh auf und zerpflückt im vorliegenden kurzen Werk die Argumente Amlingers und Nachtweys, bis nichts mehr übrig bleibt. Der anarchokapitalistische Theoretiker ist einer der ersten deutschen Libertären in der Tradition des Amerikaners Murray Rothbards, der wiederum der brillanteste Schüler des genialen Vertreters der Österreichischen Schule, nämlich Ludwig von Mises, war. Blankertz ist darüber hinaus ein fundierter Kenner und Analyst der «Frankfurter Schule» und ihrer «kritischen Theorie». Er weiß die in ihr schlummernden libertären Elemente zu identifizieren und hervorzuheben. Kaum jemand in Deutschland ist daher besser geeignet, eine kompetente Replik auf «Gekränkte Freiheit» zu schreiben, und ich bin ihm sehr dankbar, dass er diese Herausforderung annahm.

«Gekränkte Freiheit» ist kein seriöses Werk. Es scheint, als sei sein Zweck, als propagandistische Munitionsaufstockung in Reserve zu dienen. Sollte der Libertarismus für die Elite materiell ungemütlich werden, hoffen ihre Propagandisten offenbar, dieses scheinseriöse Buch hervor kramen und irgend etwas daraus zitieren zu können, die Autoren zu Interviews einzuladen und so mit vielen pseudointellektuellen Aussagen die steigende Flut freiheitlicher Gesinnung zurückzudrängen.

Warum das Buch gerade jetzt erscheint, ist nicht schwer zu erraten: Der tyrannische Impuls, der totalitäre Instinkt, dem die Autoren dienen, hat in der Coronakrise mächtig zugelegt. Der Umfang des ihm diesbezüglich entgegentretenden Widerstands hat ihn aber überrascht – und bereitet ihm Sorgen. Die große Masse der «Querdenker» ist nicht libertär – sie war meist sehr etatistisch, also staatsgläubig. Die Betonung liegt auf «war». Diese Menschen sind jetzt auf der Suche nach neuer Orientierung. Die Herrscherklasse fürchtet offenbar, dass viele den Libertarismus entdecken und attraktiv finden werden. Daraus könnte sogar eine anti-etatistische «kritische Masse» erwachsen. Deshalb glaubt die Elite, prophylaktisch vor dem Libertarismus warnen zu müssen.

Amlingers und Nachtweys rühriges Plädoyer, dass der Staat doch «ein Instrument zur Durchsetzung sozialer Fortschritte» sei, klingt schon fast wie Stasi-Mielke im Endstadium: «Ich liebe doch alle Menschen.» Die beiden Autoren glauben, den typischen Libertären als «ein atomares, gleichzeitig unbeschränktes Individuum» charakterisieren zu können, «das auf (fast) nichts und niemand Rücksicht nimmt außer auf sich selbst». In Ergänzung zu Blankertz' kühler, logisch-theoretischer Dekonstruierung dieser Diffamierung biete ich ein Zitat eines Zeitgenossen, der einen seltenen ehrlichen Blick von außen auf das libertäre Milieu unternahm. Oliver Uschmann schrieb in «20 Jahre eigentümlich frei», das 2017 im Lichtschlag-Verlag erschien: «Was ich ‹allein

unter Libertären› aber jedes Mal feststellen konnte, war,
dass diese fremde Gemeinschaft ihre Gäste außerordentlich
gut behandelt. In keiner anderen Subkultur – und ich habe
sehr viele von ihnen gesehen – erlebte ich eine so angeneh-
me Kombination aus hohem Bildungsniveau, guter Kinder-
stube, gegenseitigem Respekt und rheinischer Fröhlichkeit,
die von den Machern in Düsseldorf [gemeint ist *ef*] offensichtlich auch auf die Mitarbeiter überschwappt, die in Berlin, Hamburg, München oder Wien beheimatet sind.»[1]
Dem vorherrschend «gutherzigen Typus» des Libertären
sei «verschmitzter Humor und Selbstironie nicht fremd».
Auch wenn man dies, wie Uschmann hinzufügt, «den Tex-
ten nicht immer anmerkt». Warum das so ist, ist leicht zu
erklären: Der typische Libertäre ist gutherzig, aber nicht
naiv.

Der typische Libertäre weiß, dass auch seine Freiheit bedroht ist, wenn die Freiheit anderer eingeschränkt wird.
Auch wenn der Angriff perfide, hinterhältig und sympathie-
heischend daherkommt, erkennt er dahinter den tyrannischen, totalitären Impuls. Stefan Blankertz, ein typischer, ja
urtypischer und, wie ich persönlich bezeugen kann, äußerst
gutherziger Libertärer, weiß sich zu wehren, wie das vor-
liegende Buch beweist.

---

1 André F. Lichtschlag (Hg.), 20 *Jahre «eigentümlich frei»: Das Buch*, Greven-
broich 2017, S. 130.

«Die Gedanken, die vorgeben, unsere Welt im Namen der Revolution zu leiten, sind in Wirklichkeit eine Ideologie der Zustimmung, nicht der Auflehnung geworden.»
— *Albert Camus, 1951*[1]

«... damit der Mensch nicht verloren gehe, tun Personen not, die nicht kollektiviert sind, und Wahrheit, die nicht politisiert ist.»
— *Martin Buber, 1936*[2]

«Frei zusammenkommende Menschen strafen das Regime indirekt Lügen. [...] Der Konflikt wird zugunsten der Gesellschaft ausgefochten, die im Hinblick auf das vereinsamte Ich die unterdrückende Mehrheit darstellt.»
— *Radka Denemarková, 2022*[3]

---

[1] Albert Camus, *Der Mensch in der Revolte* (1951), Reinbek 2023, S. 321.
[2] Martin Buber, *Der Einzelne und die dialogische Verantwortung* (1936), zit. n. *Pfade in Utopia* u. a. Schriften, Heidelberg 1985, S. 289.
[3] Radka Denemarková, *Stunden aus Blei: Roman*, Hamburg 2022, S. 222f.

1:1

Ein Gespenst geht um in Europa und es kommt aus den USA, das Gespenst des libertären Protests gegen einen aufgeblähten Staat. Die (links-) konservative Garde der Verteidiger des Staats ist aufgeschreckt und denkt darüber nach, dessen Delegitimierung als einen Straftatbestand zu etablieren. Das Bundesamt für Verfassungsschutz richtete bereits den neuen «Phänomenbereich ‹Verfassungsschutzrelevante Delegitimierung des Staates›» ein. Freilich bedarf es, damit ein solcher Einschnitt in die Meinungsfreiheit sich legitimieren lässt, eines wissenschaftlichen Überbaus. Carolin Amlinger und Oliver Nachtwey, Autoren des Buchs *Gekränkte Freiheit: Aspekte des libertären Autoritarismus*,[1] bewerben sich darum, ihn zu liefern. Sehen wir zu, wie sie hierbei vorgehen.

1:2

Autoritäre Libertäre würden sich, so beklagen die Autoren, aggressiv gegen all jene wenden, die ein anderes Freiheitsverständnis als sie haben und von denen sie meinen, in ihrer Freiheit eingeschränkt zu sein; sie würden versuchen, die Andersdenkenden auszuschließen.[2] Da sollten die Autoren sich doch einmal an die eigene Nase fassen und darlegen, inwiefern ihr Buch *nicht* dieser inkriminierten Struktur folgt, nämlich Andersdenkenden zuerst die Diskursfähigkeit abzusprechen und sie dann für diskursunwürdig zu erklären. An keiner Stelle präsentieren sie ein Beispiel, bei welchem

---

1 Carolin Amlinger & Oliver Nachtwey, *Gekränkte Freiheit: Aspekte des libertären Autoritarismus*, Berlin 2022.
2 Amlinger & Nachtwey, S. 13, S. 310, S. 338 u. ö. Dies ist ein Lehrbuch-Fall von Opfer-Täter-Umkehrung.

«autoritäre» Libertäre Andersdenkende in ihrer Freiheit einschränken oder die Staatsgewalt auffordern, dies zu tun; sie fordern lediglich, dass man sie in Ruhe lasse. Somit sind sie wahre Libertäre, von autoritärem Charakter keine Spur. Wenn sie sich bisweilen verbal sehr deutlich die Verfügung über ihr Leben verbitten, die Politiker oder ihre Fürsprecher ausüben, ist das nur zu verständlich und zeugt nicht von einem autoritären Charakter.

1:3

Die empirische Grundlage des Buches sind eine Reihe von qualitativen (nicht standardisierten) Interviews. Wie sie die Interviewten ausgewählt haben, legen die Autoren nicht offen; sie scheinen mehr oder weniger zufällig verfahren zu sein; insofern die Typik «autoritär Libertäre» das Kriterium der Auswahl war, musste sie ihnen schon vor Beginn der Feldforschung plausibel erschienen sein.

1:4

Die gute Nachricht: Die Autoren begreifen, dass das neue Milieu des Protests nicht *rechts* ist, jedenfalls nicht rechts in klassischer Hinsicht: autoritätshörig, führerfixiert und konformistisch. Im Gegenteil: Kennzeichen dieses neuen Protestmilieus sind laut den Autoren:

▷ Ablehnung von Autoritäten (wie Experten, Journalisten, Politikern, Wissenschaftlern),
▷ Insistieren auf dem Recht, über das eigene Leben selbst zu entscheiden, sowie
▷ Mut, sich gegen die herrschende Meinung (das heißt die Meinung der Herrschenden) zu stellen.

Der nationale Aspekt sei, gestehen die Autoren zu, schwach ausgeprägt; allenfalls gebe es einen regionalisierenden Impuls gegen zentralistische Bevormundung.

Als Werte dieses Protestmilieus beschreiben die Autoren die Ideale des alternativen, linken und grünen Milieus; diese Ideale wie etwa Gesellschafts- und Wissenschaftskritik, Ablehnung bürokratischer Entscheidungsstrukturen, Betonung von Dezentralisation und Partizipation der Bürger seien tief verwurzelt im Denken der 1960er Jahre bis in die 1990er Jahre. Die Autoren fassen zusammen:

AMLINGER & NACHTWEY: Die meisten «untersuchten Personen stammen aus Milieus, für die ein ‹Streben nach Autonomie und Selbstverwirklichung gegenüber gesellschaftlicher Bevormundung, Einschränkung und Entfremdung› maßgeblich ist».[1]

1:5

Mithin ist das Buch «Gekränkte Freiheit» Ausdruck einer Spaltung der Generation der 1968er und ihrer Nachfolger wie die Autonomie-, Bürger-, Öko-, Friedens- und Spontibewegungen, eine Spaltung, die in Deutschland spätestens mit der Machtbeteiligung der Grünen 1998 real vollzogen war, bislang aber kaum Reflektion erhielt. Diejenigen, die an den alten Idealen des alternativen Milieus festhielten, gingen tendenziell in die innere Emigration und wählten vielfach zähneknirschend weiter die Grünen. In drei Stufen wurden sie aus dem Mainstream gedrängt und wandten neue Formen des Protests an, nämlich

▷ die Flüchtlingskrise 2015 mit dem Verrat an der Bürger-Partizipation, deren Stelle die bürokratische Planung einnahm;

---

1 Amlinger & Nachtwey, S. 193. Es handelt sich um ein Zitat aus dem Buch von Michael Vester u. a., *Soziale Milieus im gesellschaftlichen Strukturwandel*, aus dem Jahr 2001 (Frankfurt/M., S. 311), ursprünglich sogar 1993 erschienen, das sich also unmöglich auf die *Querdenker* beziehen kann.

▷die Coronakrise 2020 mit dem Verrat an jeder kritischen
  Distanz zu Pharmaindustrie und Wissenschaft,
▷und der Ukrainekrieg 2022 mit dem Verrat an der Parole
  «keine Waffenlieferungen in Kriegsgebiete».

In «Gekränkte Freiheit» kommen alle drei Stufen vor; die
Auseinandersetzung mit der Coronakrise jedoch nimmt
den weitaus größten Raum ein (siehe hierzu die Fallstudie
weiter hinten auf den S. 119-152).

1:6

Doch nicht bloßer Ausdruck einer Spaltung im alternativen
Milieu ist das Buch «Gekränkte Freiheit», sondern es ergreift auch Partei innerhalb dieser Spaltung. Die Autoren
ergreifen die Partei der aktuellen grünen Agenda, die für
ihre Durchsetzung Wissenschaftshörigkeit und zentral-
staatliche Zwangsmaßnahmen vorsieht. Den alten, jetzt in
Ungnade gefallenen Genossen das Linkssein kurzerhand
abzusprechen und sie als neue Rechte zu deklarieren, wie
es vielfach geschieht, ist den Autoren zufolge allerdings
kein analytisch haltbarer Weg. Ihr Unterfangen, das der-
zeitige Protestmilieu als ebenso diskursunwürdig wie auch
diskursunfähig abzukanzeln, um der von ihm ausgehende
Delegitimierung der Herrschaft entgegen zu treten, stellen
sie auf zwei andere Sockel:

1:7

1. Den ersten Sockel bildet die Aussage, der libertäre (also
freiheitliche) Impuls des neuen Protestmilieus sei in Wirklichkeit autoritär.

AMLINGER UND NACHTWEY: «An die Stelle der über-
mächtigen externen Instanz», die der klassisch-rechte
Autoritarismus adressiert, tritt bei libertär Autoritären

«das Selbst als autonomes Subjekt»:[1] In diesem «Typus des libertären Autoritarismus identifizieren sich die Menschen nicht mit einer externen Instanz, sondern mit dem eigenen Ich. [...] Libertäre Autoritäre trotzen rebellisch jeder externen Autorität.»[2]

Dies ist eine psychologisierende Stigmatisierung, welche die betreffenden Menschen zu Objekten macht und ihnen abspricht, inhaltlich Sinnvolles aussagen zu können, und insofern gehen die Autoren hier in klassisch autoritärer Weise vor. Dabei enthält die Stigmatisierung eine logische Problematik, noch bevor man versuchen kann, sie auf reale Personen anzuwenden. Die logische Problematik klärt sich, sobald man fragt, welche Aussage aus der zitierten Stigmatisierung hervorgehe, wenn man sie umkehrt. Eine solche umgekehrte Stigmatisierung würde auf solche Menschen zutreffen, die sich mit externen Instanzen identifizieren – also nicht mit ihrem eigenen Ich – sowie die den externen Autoritäten nicht trotzen (sich externen Autoritäten willig unterwerfen). Offensichtlich würde dies einen autoritären Charakter kennzeichnen, also den Charakter, der stets bereit sich zeigt, Herrschaft zu willfahren und zu idealisieren. Wenn die Autoren mithin die libertären Autoritären zu den Feinden der Zivilgesellschaft erklären, müssen sie wohl einen solchen Charakter bevorzugen, der dem Ideal des klassischen Autoritarismus entspricht. Sie können sich auch nicht auf dialektische Logik hinausreden, denn diese würde den Sachverhalt anders strukturieren: Sie würde von der Formulierung der These des Autoritarismus über die Entgegenstellung der Antithese des Libertarismus zur

---

1 Amlinger und Nachtwey, S. 173.
2 Amlinger und Nachtwey, S. 178.

Präsentation einer Synthese fortschreiten, einer Synthese, in der beide Positionen aufgehoben (integriert und in eine neue Qualität verwandelt) werden. Eine solche Synthese präsentieren die Autoren nicht nur nicht, sondern schon bei der Formulierung der Antithese hapert es, denn sie erklären sie für identisch mit der Ausgangsthese. Dann bleibt zur Synthese nichts übrig, was sie aufheben (integrieren und verwandeln) könnte.

1:8

Als ein sekundäres Kennzeichen des libertär-autoritären Charakters nennen die Autoren die Leugnung von gegenseitigen sozialen Abhängigkeiten; die libertär-autoritären Personen würden demgegenüber behaupten, der Mensch sei bar jeder Verwiesenheit auf Andere völlig autonom und schrankenlos frei, frei auch von Verpflichtungen wie Anstand oder sonstigen Rücksichtnahmen auf Mensch oder Natur. Entsprechend würden libertär-autoritäre Personen Fürsorge für Schwächere und Solidarität nicht als Werte akzeptieren.[1] Sie sprechen von «Abhängigkeitsleugnung»[2] und meinen damit, die Libertären würden leugnen, dass es für das Individuum überhaupt soziale Bindungen gäbe. Abgesehen davon, dass dies eine einerseits absurde, andererseits ehrenrührige Unterstellung ist, zeigen die Autoren hier ein fundamentales intellektuelles Unvermögen; sie wissen nämlich schlicht nicht zu unterscheiden zwischen einer freiwilligen Geselligkeit, zu der Anstand, Fürsorge, Rücksichtnahme und Solidarität gehören, und staatlichen Zwangsmaßnahmen, die stets führen zu: Unanständigkeit,

---

[1] Amlinger & Nachtwey, S. 351ff, S. 88ff. Vergleiche dazu weiter hinten den Abschnitt 3: Ist die Idee der Gewaltlosigkeit sozialschädlich?
[2] Amlinger & Nachtwey, S. 341. Zum Inhalt des Vorwurfs vergleiche weiter hinten S. 20-32 sowie S. 73-83.

⇥ 18 ⇤

Instrumentalisierung anstatt Fürsorge, Entsolidarisierung sowie rücksichtslosem Einsatz der Machtmittel.

1:9

2. Den zweiten Sockel, um die von Libertären formulierte Delegitimierung der Herrschaft zu entkräften, bildet die Aussage der Autoren, der aufgeblähte Staat, gegen den der libertäre Impuls sich richtet, sei inexistent: Er sei vielmehr bloß ein verschwörungstheoretisches Gehirngespinst. Die Autoren sprechen von

> **AMLINGER UND NACHTWEY:** «neoliberaler Ausweitung des Privaten zulasten einer öffentliche Güter wie wirtschaftliche und soziale Sicherheit bereitstellenden Demokratie», ja (per Zitat) von «der Einschränkung der Reichweite der Demokratie im Namen der Freiheit»;[1]

damit wollen sie keineswegs die Forderung der Libertären kennzeichnen (wobei sie durchaus richtig lägen), sondern die Realität dessen beschreiben, was politische, soziale und wirtschaftliche Realität der (westlichen?) Welt sei.
Empirisch trifft das offensichtlich nicht zu. Die Parameter wie Staatsausgaben, Staatsquote oder Verrechtlichung von Lebensbereichen deuten in die Richtung auf Ausweitung der Staatsgewalt. In den Ländern, in denen eine formale bürgerliche Demokratie herrscht, wird die Reichweite der Demokratie, mithin die Reichweite der parlamentarischen Herrschaft über soziale Vorgänge, derart nicht etwa eingeschränkt, vielmehr nahezu entgrenzt. Privatheit gibt es

---

1 Amlinger und Nachtwey, S. 172. – Die Zitierte ist Wendy Brown, die vom «Monster des Neoliberalismus» und von «autoritärer Freiheit» spricht. Ulf Bohmann und Paul Sörensen (Hg.), *Kritische Theorie und Politik*, Berlin 2019, S. 539-576. Vergleiche dazu kritisch weiter hinten S. 145 ff.

⇥ 19 ⇤

praktisch nicht mehr. Übrigens gestehen die Autoren dies indirekt zu, denn verschiedentlich argumentieren sie, die materielle Grundlage des Protests autoritär Libertärer sei, dass Kontrollen die Freiheit des Individuums zunehmend gefährden[1] (sie vermögen es freilich nicht, staatliche und gesellschaftliche Kontrollen zu unterscheiden). Libertär-autoritäre Neigungen bilden

AMLINGER & NACHTWEY: «sich entlang jener Grundorientierungen [aus], die auf Selbstbestimmung, Selbstverwirklichung oder Hedonismus basieren».[2]

Hinter die Orientierung «Hedonismus» kann man sicherlich ein Fragezeichen setzen, denn viele derjenigen, die zu dem von den Autoren definierten Milieu zählen, kritisieren den herrschenden Hedonismus – ¿Hedonismus der Herrschenden? – scharf. Ein Streifzug …

1:10

Familiäres Füreinander und gegenseitige familiäre Unterstützung sind vermutlich der Ausgangspunkt aller Moral. Familie umfasst hierbei nicht bloß die bürgerliche Kernfamilie aus Vater, Mutter, Kind, vielmehr den ganzen Clan und darüber hinaus die «politische Familie», Blutsbrüder, Busenfreundinnen, Nachbarn sowie Seelenverwandte.

1:11

Hilfe für die Bedürftigen und Mildtätigkeit über den Kreis der Familie hinaus gehören zu den universellen positiven

---

1 Amlinger und Nachtwey, S. 173, S. 348. Zitiert werden Herbert Marcuse und Theodor W. Adorno. Vergleiche weiter hinten S. 81f.

2 Amlinger und Nachtwey, S. 201. Einige Jahrzehnte zurückversetzt waren es konservative Bewahrer, die dem Protestmilieu diesen Vorwurf machten.

Kennzeichen von Religionen. Mir ist kein Glaubenssystem bekannt, in welcher es fehlt, wenn auch Ausprägung sowie Form variieren. Da die herrschenden Religionen meist ein inniges Verhältnis mit der jeweiligen weltlichen Herrschaft eingehen, ist eine präzise Trennung zwischen staatlicher und religiös-gemeinschaftlicher Unterstützung von Armen und Kranken oft nicht zu leisten.

Dennoch geben religiös motivierte Armenhilfen ein gutes Modell für die Möglichkeit ab, dass auch ohne Staat für die gesorgt wird, die sich nicht selber helfen können. Religiös motivierte Armenhilfen nehmen beispielsweise die Gestalt von individuellen milden Gaben («Almosen») oder großen, teils international tätigen karitativen Organisationen an. Erste Ansätze institutionalisierter Alten- und Kranken-pflege entwickelten sich in Europa ausgehend von Klöstern und speziell der Beginen-Bewegung mit Laienschwestern im Hoch- und Spätmittelalter.

1:12

Mit der Entstehung der Staaten in einer Orgie aus Blut und Tränen kam es zu einer Spannung zwischen dem ursprüng-lichen, prä-staatlichen moralischen Gebot zum verwandt-schaftlichen Beistand und dieser neu erfundenen Loyalität zum Herrscher und dessen Ideologie (in den meisten Fällen namens einer Religion). Dabei waren bis zum Aufkommen der Sozialstaaten alle Herrschaftssysteme auf einen Fort-bestand einer gewissen familiären Solidarität angewiesen, um die Produktion von Nahrung sowie die Versorgung von Alten und Kranken zu gewährleisten.

Paradigmatisch lässt die Spannung zwischen ideologischer Loyalität und verwandtschaftlicher Solidarität sich anhand der Erzählung in der Thora über die Geschehnisse bei der Verkündigung der zehn Gebote erkennen: Die zehn Gebote fordern uns in der alt hergebrachten Weise dazu auf, «Vater und Mutter zu ehren». Als Mose mit den Geboten unter dem Arm vom Berg der Verkündigung hinabsteigt, entbrennt aber sein Zorn, weil er sieht, dass «seine» Leute inzwischen einem andern Gott huldigen, versinnbildlicht im Goldenen Kalb. Er entfacht einen Bürgerkrieg, in welchem, wie es ausdrücklich heißt, jeder *seinen Bruder, Freund und Nächsten* erschlägt; bemerkenswert, dass Mose, bevor er das Massaker anordnet, die Tafeln mit Gottes Geboten am Fuß des Berges zerschmettert hat.[1]

Prinz Siddhartha Gautama verlässt mit 29 Jahren Frau und Familie, um zum Buddha zu werden. Eine glücklicherweise weniger blutige – doch ebenfalls verantwortungslose und traurige – Variante. Und Jesus mahnt die Anhänger:

> **JESUS:** «Wenn jemand zu mir kommt und hasst nicht seinen Vater, Mutter, Frau, Kinder, Brüder, Schwestern, dazu auch sein eigenes Leben, der kann nicht mein Jünger sein.»[2]

Hinrichtungen von Söhnen werden in der normalerweise dem jeweiligen Herrschaftssystem aufs treueste ergebenen Geschichtsschreibung dann als Triumph des Altruismus und der Liebe zum Vaterland über das minderwertige und eigensüchtige Gefühl verwandtschaftlicher Solidarität gefeiert, falls sie der Staatsraison dienen, allerdings weiterhin meist mit Abscheu betrachtet, soweit sie für andere Zwecke herhalten – etwa einem reinen Machterhalt oder Machterwerb oder der Ausübung von privater Rache. Ein

---

1 Exodus bzw. 2 Mose 32:19, 27. Hebräisch שְׁמוֹת (*schemot*, Namen).
2 Lukas, 14:26 (Luther, Revision 2017). Das Verb im griechischen Original lautet μισεῖ (*miseî*, er hasst), in der lateinischen Vulgata *odit* (er hasst); so übersetzt es auch Luther und bis heute steht es so in der Lutherbibel.

berühmtes Beispiel für die positiv bewertete Verwandtentötung ist Torquatus: Der römische Heerführer richtete im vierten Jahrhundert vor Christus seinen Sohn hin, obwohl dieser einen Sieg errungen hatte; denn befehlswidrig hatte er angegriffen.[1] Wenn ein Herrscher allerdings mit einem Heiligenschein versehen werden muss – wie Kaiser Konstantin (270?-337) durch christliche Hagiographen – wird ihm sogar die Hinrichtung von Frau und Sohn aufgrund konstruierter Anschuldigungen leichtweg verziehen.

1:13

Das Vertrauen in die Familie diente stets als eine Bremse und ein Korrektiv für das Übergreifen des Staats in private Bereiche, so etwa bei dem ansonsten auf die Etablierung effizienter staatlicher Strukturen ausgerichteten Konfuzius. Seine noch radikaler etatistisch gesonnenen Widersacher, die «Legalisten», lehnten seinen Ahnenkult als staatszersetzend ab. Sie waren konsequent rechtspositivistisch: Was immer der Staat verordnet, sei Recht. Der Wert eines Menschen bemisst sich danach, wie vollständig er sich den herrschenden Gesetzen unterwirft. Im Grunde eine frühe Form des heutigen Sozialkredit-Systems. Dass Legalismus und Konfuzianismus in China über viele Jahrhunderte zu *einem* System zusammenwuchsen, war ein Unglück für die nachfolgende Entwicklung der chinesischen Gesellschaft bis hin zu Maoismus und Postmaoismus. Kein Grund, überheblich zu sein: Das System des Sozialkredits wird sich nach dem Willen der Herrschenden *weltweit* etablieren; es ist mit Demokratie kompatibel.

---

1 Überlieferung: Titus Livius, *Ab urbe condita*, VIII:7. – Zu einer positiven Bewertung vgl. Thomas von Aquin, *Jede Macht ist illegal: Vom Prinzip der Führung* (De regimine principum, um 1270), lateinisch-deutsche Ausgabe übertragen und ediert von Stefan Blankertz, Berlin 2021, S. 54/55.

1:14

Das römische Recht zerschlug die Familie zwar nicht, aber verwandelte den *pater familias* durch seine unumschränkte und lebenslange Gewalt über alle Mitglieder der Familie in einen Herrscher. Dies bereits kündigte die ursprüngliche familiäre Solidarität auf, wenn auch indirekt. Der römische Staat ist nicht, wie sein (Jahrhunderte prägendes) Selbstverständnis sagt, Abbild der natürlichen Familie, sondern er formte die natürliche Familie durch Rechtspositivismus «nach seinem Ebenbild» um.

1:15

Die Vorteile einer familiären Solidarität zur Unterstützung hilfebedürftiger Angehöriger gegenüber sozialstaatlicher Verwaltung liegen auf der Hand: Die intime Kenntnis der Umstände, warum ein Angehöriger in Not geraten ist und der Unterstützung bedarf, ersetzt umfangreiche und oft demütigende bürokratische Prozeduren. Darüber hinaus muss familiäre Solidarität nicht an unerbittliche Regeln gebunden sein, nicht einmal an einem abstrakten Begriff der Gerechtigkeit. An deren Stelle kann Großzügigkeit und die Moral des Verzeihens treten.

1:16

Falls in den heutigen Zeiten die Notwendigkeit des Sozialstaats unter anderem mit dem Hinweis erläutert wird, die Familie habe ihre soziale Bedeutung eingebüßt, ist das wie im Falle des Herrschaftsabbildes der römischen Familie eine Vertauschung von Ursache und Wirkung. Der Sozialstaat tritt nicht in das Vakuum der Pflege Hilfsbedürftiger ein, das die Familie hinterlässt, weil sie unausweichlicher Weise verschwindet; vielmehr nimmt die Bedeutung der Familie in dem Maße ab, in dem staatliche Institutionen an ihren Platz treten. Dort, wo sozialstaatliche Strukturen in wirtschaftlichen oder kriegerischen Krisen versagen und zusammenbrechen, nimmt die Bedeutung der Familie auch wieder zu. Das erfüllt Vertreter des Staatsgedankens stets mit Angst und Schrecken. In der Ablehnung von Clans, die staatsfreie Räume schaffen, trifft sich kurioserweise zur Zeit die rechtspopulistische Islamkritik mit dem ihr so verhassten linkskonservativen Establishment. Wo kommen wir denn da hin, wenn die Menschen sich selber zu helfen wissen, anstatt auf Gevatter:in Staat zu warten?

1:17

Allerdings sollte bedacht werden, dass die Familie, ob groß oder klein, kein Hort der Idylle sein muss. Sie ist auch eng und beengend. Sie ist auch Brutstätte von Neid, Hass und Ungerechtigkeit. Sie kann Entwicklung und Entfaltung von Mitgliedern ebenso behindern wie sie sie fördern kann. Es gibt Väter, die Tyrannen sind; Mütter, die intrigieren; sowie Geschwister, die sich bis auf das Blut hassen und dem jeweils Anderen nicht die Butter auf dem Brot gönnen. Im mittelalterlichen Sprichwort «Stadtluft macht frei» war die Befreiung von der fürstlichen Macht ebenso wie von den Beklemmungen durch die Dorfgemeinschaft bezeichnet. Der Kapitalismus der Neuzeit ermöglichte es Menschen in bisher unbekanntem Ausmaße, sich aus den Notwendigkeiten der dörflichen und der familiären wirtschaftlichen Reproduktion zu lösen, für sich selber zu sorgen, mobil zu sein, sich den Be- um nicht zu sagen: Verurteilungen und den Erwartungen von Familie und Nachbarn zu entziehen.

1:18

Durch einen Abbau (oder gar die Abschaffung) des Sozialstaats kann realistisch eine Stärkung der Familie und eine

Renaissance der verwandtschaftlichen und nachbarschaft-
lichen kleinteiligen Solidarität mit allen ihren Vorteilen
erwartet werden. Es bedarf jedoch, damit nicht auch ihre
Nachteile wiederkehren, noch zusätzlicher Alternativen
zum Sozialstaat. Dies ist eine weitere wichtige Erkenntnis,
dass es nämlich nicht darum gehen kann, zum Sozialstaat
eine Alternative, gleichsam ein neues System zu finden,
sondern ein Panorama etlicher Möglichkeiten für Selbstverantwortung und Eigeninitiative zu eröffnen. Im Gegensatz dazu meinen Anti-Kapitalisten, der Freiheit gebühre
keine Freiheit des Handelns. Ohne Freiheit des Handelns
ist Freiheit aber entwertet, ist keine mehr. Wer Versorgung
nicht aufs Mitgefühl, sondern auf die Staatsgewalt baut,
kriegt die Rechnung umgehend serviert.

1:19

Der Ursprung des Sozialstaats liegt tatsächlich im Willen
Otto von Bismarcks, die kirchlichen ebenso wie die sozialdemokratischen Selbsthilfeorganisationen der Arbeiter zu
entmachten. Die Bilanz Bismarcks sah nicht gut aus in den
1880er Jahren. Seinen Kulturkampf gegen die katholische
Kirche brach er unverrichteter Dinge ab; im Verlaufe dieses
Kampfes war die politische Partei der Kirche, das Zentrum,
stetig stärker geworden, und er brauchte ihre Kooperation
für seinen Kampf an einer zweiten Front, den Kampf gegen
die Sozialdemokratie. Freilich wurde auch sie durch die sogenannten Sozialistengesetze nicht geschwächt, vielmehr
mächtiger. Bismarck hätte demnach an den beiden Fronten
verloren, hätte er nicht jenes eingeführt, was er zeitweise
sogar selber als Staatssozialismus bezeichnet:

BISMARCK: «Wer den Staatssozialismus als solchen vollständig verwirft, muss auch die Stein-Hardenberg'sche

Gesetzgebung verwerfen,[1] der muss überhaupt dem Staate das Recht absprechen, da, wo sich Gesetz und Recht zu einer Kette und zu einem Zwang, der unsere freie Atmung hindert, verbindet, mit dem Messer des Operateurs einzuschneiden und neue und gesunde Zustände herzustellen.»[2]

Eine gesetzliche Rundumversorgung aus Renten-, Arbeitslosen-, Kranken- und Unfallversicherung schwebt ihm vor, und er macht, soweit er es durchsetzen kann, die ersten Schritte auf dieser Marschroute. Die sozialdemokratischen Gewerkschaften, die keiner anarchistischen Tendenz verdächtig sind, opponieren gegen die Strategie von Bismarck, denn ganz realistisch sehen sie, dass den Arbeitern damit die Selbstverwaltung ihrer eigenen Versicherungs- und Genossenschaftsfonds verloren gehen würde. Für einen kurzen Augenblick realisieren sie intuitiv vor-theoretisch, was später erst Milton Friedman auf den Begriff brachte: Gegen ein anscheinend kostenloses, also aus den Steuergeldern finanziertes Angebot kann man nicht anstinken.

---

1 Die Reformen 1807-1815 von Karl Freiherr vom Stein und Karl August von Hardenberg nach der Niederlage gegen Napoleon I. 1806 wandelten Preußen von einem spätfeudalistischen Stände- und Agrarstaat in einen Industriestaat; einerseits waren sie aufklärerisch-liberal orientiert, andererseits legten sie auch den Grundstein zu dem deutschen Korporatismus: die wirtschaftliche Entwicklung bleibt vom Staat gesteuert.

2 Wilhelm Müller, *Politische Geschichte der Gegenwart*, XVIII: Das Jahr 1884, Berlin 1885, S. 29. – Bismarcks Argumentation ist das Meisterstück einer hegelianischen Dialektik: der «Zwang» der «Kette» von «Gesetz und Recht» referiert auf den Zustand *vor* den Reformen, deren liberalen (mithin antistaatlichen) Impuls er einerseits bekräftigt, indem sie an den Staat das «Messer des Operateurs» anlegen, andererseits negiert, indem er sie als «Staatssozialismus» kennzeichnet. Nur Etikettenschwindel oder doch die Einsicht in die tiefer als die vordergründigen tagespolitischen Auseinandersetzungen liegende Eigendynamik der staatlichen Entwicklung?

1:20

Das gleiche Schicksal ereilte die angelsächsischen «Friendly Societies». Hervorgegangen sind sie vermutlich aus einer frühen Art Feuerversicherung, und sie verbreiteten sich im 17. Jahrhundert als Versicherungen gegen Schulden – verursacht durch Arbeitsunfähigkeit aufgrund von Krankheit oder Alter und durch Arbeitslosigkeit. Damit übernahmen sie die Funktionen von Gilden und Zünften. Die «Friendly Societies» kalkulierten zum ersten Mal das Risiko – und die ihm entsprechenden nötigen Deckungsbeiträge – für eine Versicherung. So mauserten die «Friendly Societies» sich einenteils zu Versicherungsunternehmen, anderenteils zu Gewerkschaften. Schätzungen sprechen davon, dass im 19. Jahrhundert 80 % der britischen Arbeiter in der einen oder anderen «Friendly Society» organisiert waren. 1911 setzte der als «liberal» geltende Politiker Lloyd George ein Gesetz zur nationalen Gesundheitsversicherung durch; «National Health Insurance Act». Hierbei bezog er sich ausdrücklich auf Bismarck. Dies war das Ende der «Friendly Societies» in ihrer ursprünglichen Form, auch wenn immer noch Versicherungen sich auf den altehrwürdigen Namen berufen.

1:21

Waisenhäuser, welche die Kinder selber aufbauen, nebst Schulen und Werkstätten, in denen sie für ihren Unterhalt arbeiten und gleichzeitig zu Facharbeitern ausgebildet werden; und Arbeitshäuser, in denen arme, aber redliche «Passanten» Arbeit finden und «Hände und Füße regen» können, während betrügerische Bettler abgehalten werden – das widerspricht dem Zeitgeist des Sozialstaats. Kinderarbeit gehöre verboten und Sozialhilfe sei ein bedingungsloses Anrecht, lautet das linkskonservative Credo.

Der Pfarrer und Professor für Griechisch und Orientalische Sprachen an der Theologischen Fakultät der Universität zu Halle, August Hermann Francke, gründete 1698 mit einer Spende als Startkapital ein Waisenhaus, aus dem sich in den folgenden Jahren eine richtige Stadt mit mehreren tausend Einwohnern entwickelte, ein erfolgreiches Unternehmen, das nicht nur Waisen- und Armenhäuser, Schulen sowie Werkstätten betrieb, vielmehr auch das modernste Krankenhaus der Region, eine Apotheke, die vor allem eine bahnbrechende Arznei gegen das Fleckfieber herstellte und nach ganz Europa exportierte, ebenso eine Buchdruckerei, welche Bibeln auch in griechischer, in hebräischer und in äthiopischer Sprache sowie in slawischen Sprachen druckte und vertrieb.

1:22

Heute hingegen herrscht «Korporatismus»: Der Staat will profitieren vom Renommee und der Flexibilität privater Initiativen. Die drohende Konkurrenz wendet er mit einer anderen Strategie ab, die weniger Widerstand hervorruft, ja auf Mitwirkung der Privaten zählen kann. Dass es der Verstrickung mit privaten Initiativen aus sowohl Prestige- als auch Effizienzgründen bedarf, ist das Eingeständnis der inhärenten Schwäche etatistischer Organisation.

1:23

Die Bereitschaft zum Spenden zeigt überdies, dass die Bevölkerung trotz hoher Belastungen durch Steuern und Abgaben immer noch Bedarf für soziales Handeln sieht. Rund ein Drittel der Bevölkerung in der Bundesrepublik spendet regelmäßig. Das erscheint zunächst vielleicht keine hohe Quote; wenn man allerdings nicht die Gesamtbevölkerung, stattdessen vielmehr die Zahl der Erwerbstätigen oder die der Haushalte zugrundelegt, steigt sie. Je nach Methode der Schätzung liegt das Spendenaufkommen bei mehreren Milliarden, hiervon der größte Teil für humanitäre Hilfe; meist nicht eingerechnet sind Sachspenden, ehrenamtliche Tätigkeiten und vor allem unorganisierte Hilfen wie etwa Gaben an Bettler, aber auch Unterstützungen im Kreis der Familie, Freunde und Nachbarn. Die Behauptung von Befürwortern des Sozialstaats, Menschen würden nur dann zum Helfen bereit sein, wenn alle Anderen in dem gleichen Maße zur Hilfe gezwungen werden, sind jedenfalls durch die große Spendenbereitschaft widerlegt.

1:24

Die unzähligen freiwilligen Feuerwehren widerlegen den staatlichen Monopolanspruch auf Katastrophen-Vorsorge beziehungsweise -Hilfe. Wollte man dies primär ländliche, kleinteilige Netzwerk freiwilliger Hilfe und Kooperation staatlich organisieren, wäre es nicht bloß ein teures, bürokratisches Monster, es würde den Freiwilligen auch die Freude am Helfen sowie das Gemeinschaftserlebnis und die Freundschaft rauben.

1:25

Genossenschaften sind ebenso eine Form von Selbsthilfe. Zwar gilt der Unternehmer und Frühsozialist Robert Owen als der Begründer der Genossenschaftsbewegung (so dass dessen Projekte keine Selbsthilfe im engeren Sinn genannt werden können). Durch sein Vorbild angeregt gründeten um die Mitte des 19. Jahrhunderts allerdings Weber in der nordenglischen Stadt Rochdale die «Society of Equitable Pioneers» (in etwa: Gesellschaft redlicher Pioniere) als eine Einkaufs- und Spargenossenschaft. In Deutschland ist die Genossenschaftsidee mit Hermann Schulze-Delitzsch sowie Friedrich Wilhelm Raiffeisen verbunden. Raiffeisen gründete einen Fonds für in Not geratene Bauern, Schulze-Delitzsch für Handwerker; ihre Ideale: Selbsthilfe, Selbstverantwortung und Selbstverwaltung. Politisch stand die Bewegung zwischen dem Liberalismus und dem neu sich formierenden Sozialismus.

Schnell wurde augenfällig, dass die Genossenschaften sich entweder in (kapitalistische) Unternehmen verwandelten oder bankrott gingen, so wie die utopischen sozialistischen Siedlungen von Robert Owen scheiterten (nicht aber seine Genossenschaften). Franz Oppenheimer beobachtete bereits Ende des 19. Jahrhunderts diese Entwicklung und erkannte in ihr eine Gesetzmäßigkeit, die er als das Transformationsgesetz der Genossenschaften bezeichnete. Für romantische Sozialisten, die in der zweiten Hälfte 19. Jahrhundert hofften, mit Genossenschaften den Kapitalismus überwinden zu können, genau wie die romantischen Anti-Autoritären dies in der zweite Hälfte des 20. Jahrhunderts von selbstverwalteten alternativen Projekten erwarteten, war – und ist – das eine schlechte Nachricht; für den Aufgeklärten, der einsieht, dass der Kapitalismus nicht bloß erfolgreicher wirtschaftet, vielmehr auch zur gerechteren Gesellschaft führt, ist es dagegen eine gute Nachricht.

1:26

Die nach wie vor beste Idee der Selbsthilfe besteht darin, dass Betroffene nicht nur passive Empfänger von milden Gaben sind, sei es von privater, sei es von staatlicher Seite, vielmehr tatkräftig dazu beitragen, ihre Hilfsbedürftigkeit abzumildern, sowie sich gegenseitig zu unterstützen, dies Ziel zu erreichen. Auf Almosen angewiesen zu sein, wäre demütigend? Sollte ein Hilfebedürftiger sich besser fühlen, wenn er realisiert, dass seine Unterstützung aus indirekter, struktureller Gewalt stammt? Wessen Gewissen entlasten die bürokratischen Prozeduren?

1:27

Bei der *libertären* Kritik des Sozialstaats geht es demnach nicht, wie Amlinger und Nachtwey suggerieren, darum, das Individuum der Solidarität und der Verantwortung zu entledigen, sondern im Gegenteil um eine Reduzierung von genau den Strukturen, die die individuelle Solidarität und Verantwortung obsolet werden lassen; das Ziel der Kritik ist, Solidarität und Verantwortung in freiwilligen Gruppen zu kräftigen. Hedonismus stellt gerade nicht das libertäre Credo dar, vielmehr werfen die Libertären den staatlichen Strukturen vor, Hedonismus zu ermöglichen und ihm Vorschub zu leisten. Es geht hier nicht um ein Missverständnis oder darum, dass Amlinger und Nachtwey uninformiert seien. Vielmehr darum, dass sie eine Konzeption vertreten, derzufolge Solidarität und Verantwortung mechanistisch anonymisiert in einem System von Zwangsinstitutionen residieren, währenddessen die konkreten und lebendigen Menschen sich nicht mehr um ihre Nächsten zu kümmern brauchen. Diese leere und öde Welt aber ist eine Dystopie; Libertäre sind nicht bereit, sie als Ideal anzusehen. Ihnen das als *autoritäre* Tendenz auszulegen, ist ein rhetorisches Täuschungsmanöver, dem die Substanz fehlt.

2:1

Als einen Typus innerhalb des von Amlinger und Nachtwey beschriebenen Milieus anti-autoritären libertären Protests gegen staatliche Einschränkungen der Freiheit nennen sie

AMLINGER UND NACHTWEY: den «Professor, der AfD-Politiker einlädt und durch den studentischen Protest seine Meinungsfreiheit verletzt sieht».[1]

Dass sie diesem Professor keinen Namen geben, geschieht vermutlich nicht zu seinem Schutz, sondern im Zuge der Strategie der Autoren, das Protestmilieu radikal zu ent-personalisieren und pauschal auf psychiatrische Stereo-typen zu reduzieren.

Da die Autoren sich bei der Konstruktion des «libertären Autoritarismus» prominent auf die Kritische Theorie der Frankfurter Schule, besonders Theodor W. Adorno (1903-1969), beziehen, erinnere ich an die folgende Begebenheit: Linke Aktivist:innen richteten seit 1967 eine Batterie von Störmanövern gegen Adorno; so warfen dem sexuell etwas verklemmten Adorno Mädchen sich mit blanker Brust ent-gegen. Aufgrund dieser und anderer Aktionen sah Adorno sich veranlasst, seine Vorlesungen einzustellen. Im Januar 1969 besetzten dann Studenten sein Institut. Adorno rief die Polizei und ließ sein Institut räumen. Diese Begeben-heit zeigt, dass Adorno keineswegs bereit war, solche Stör-manöver als Recht der Studenten zu akzeptieren, wenn sie mit bestimmten Lehrinhalten nicht einverstanden sind. Vielmehr sah er Tendenzen, die «mit dem Faschismus un-

---

1 Amlinger und Nachtwey, S. 171f.

mittelbar konvergieren».[1] Sie verurteilte er kompromiss-
los. Historisch ist die Einordnung als faschistisch absolut
korrekt; in der Endzeit der Weimarer Republik und zu Beginn des Dritten Reichs operierten nationalsozialistische
Studentenverbände massiv gegen missliebige Lehrkörper,
was Adorno genau in Erinnerung war. Herbert Marcuse,
ein Gründungsvater der Kritischen Theorie wie Adorno,
griff Adorno dafür scharf an, denn die Aktionen der Neuen
Linken seien mit denen nationalsozialistischer Studenten
nicht vergleichbar. Kurz drauf starb Adorno, sonst wäre
es sicherlich zu einem gravierenden Dissens zwischen ihm
und Marcuse gekommen.

2:2

Die größte denkerische Leistung Adornos bleibt es, den
Mechanismus der «Dialektik der Aufklärung» erkannt und
beschrieben zu haben. Dialektik der Aufklärung heißt kurz
gesagt: Das aufklärerische Denken steht einerseits für die
Gewinnung von gesellschaftlicher Freiheit; zum anderen

HORKHEIMER & ADORNO: enthält das aufklärerische
Denken «schon den Keim zu jenem Rückschritt, der
heute [1944] überall sich ereignet».[2]

Die «Dialektik der Aufklärung» verfasste Adorno (gemein-
sam mit Max Horkheimer) noch während des Zweiten
Weltkriegs und der «Rückschritt», auf den hier verwiesen
wird, drückte konkret in Faschismus und Bolschewismus

---

1 Adorno an Herbert Marcuse, am 19. 06. 1969. Dokumentiert in: *Kritik der
Pseudo-Aktivität: Adornos Verhältnis zur Studentenbewegung im Spiegel seiner
Korrespondenz*, Frankfurter Adorno-Blätter, Band 6, Göttingen 2000, S. 111.
2 Max Horkheimer und Theodor W. Adorno, *Dialektik der Aufklärung* (1944;
erstmals publiziert 1947), Frankfurt/M. 1971, S. 3.

sich aus; als Oberbegriff diente Kollektivismus. Die «blinde Identifikation mit dem Kollektiv» aufzulösen, so schrieb Adorno später 1966 in seinem epochalen Essay «Erziehung nach Auschwitz», sei das Allerwichtigste, um eine Wiederholung von Auschwitz zu verhindern: Die fürs System von

ADORNO: «Auschwitz charakteristischen Typen [...] bezeichnet [...] die blinde Identifikation mit dem Kollektiv. [...] Für das Allerwichtigste gegenüber der Gefahr einer Wiederholung [von Auschwitz] halte ich, der blinden Vormacht aller [!] Kollektive entgegenzuarbeiten, den Widerstand gegen sie dadurch zu steigern, dass man das Problem der Kollektivierung ins Licht rückt.»[1]

Mit seiner anti-kollektivistischen Theorie der Dialektik der Aufklärung betonte Adorno nicht mehr und nicht weniger, als dass es fehlgeleitet sei, die bestehenden Institutionen der bürgerlichen Demokratie zu stärken, um Faschismus (und Bolschewismus) zu verhindern, da die bestehenden Institutionen der bürgerlichen Demokratie die Barbarei bereits in sich tragen. Dass es auf die gleiche Weise auch Herbert Marcuse analysierte, zitieren Amlinger und Nachtwey ziemlich zu Beginn ihres Buches; später, wo sie jede Kritik an der Demokratie stigmatisieren, wird das freilich unterschlagen:

MARCUSE: «Die totalitäre Gewalt und die totalitäre Vernunft [kamen] aus der Struktur der bestehenden

---

[1] In: Theodor W. Adorno, *Stichworte*, Frankfurt/M. 1970, S. 92. – Adornos Antikollektivismus, oder positiv gesagt: sein rigoroser Individualismus, ist es, der in der heutigen Debatte, falls man Adorno überhaupt noch erwähnt, verschwiegen wird: Stillschweigend nimmt man an, Adorno sei – schließlich war er ein Linker – Kollektivist gewesen.

Gesellschaft [...], die im Begriff stand, ihre liberale Vergangenheit zu bewältigen und ihre geschichtliche Negation sich einzuverleiben.»[1]

Weder Adorno noch Marcuse eignen sich als Kronzeugen für die Argumentation, die bestehende Demokratie müsse als Trutzburg gegen Faschismus gestärkt werden: Sie ist die Ursache des Faschismus. Die Kennzeichen aufklärerischen Denkens, die in dessen Gegenteil umschlagen, sind nach Adorno Universalismus und Rationalität.

▷ Universalismus bedeutet, dass die Willkür partikularer Herrschaft wie die der Fürsten abgeschafft wird, anstelle derer ein Verständnis des Rechts tritt, das an universell gültigen Normen orientiert ist. Dieser Universalismus dient dann freilich zur Normierung der Menschen, zur Überwältigung ihrer je subjektiven Werte und Wünsche und Ausgrenzung all dessen, was die Normen verletzt.

▷ Auch die Rationalität richtet sich gegen die Willkür der Herrschaft und bindet Herrschaft an Argumentation, Begründung und Wissenschaft. Doch auf diese Weise wird die Rationalität selber zu einem Instrument der Herrschaft, die etwas nur noch dann zulässt, wenn es sich durch behördliche Planung und technische Verfahrensweisen beherrschbar zeigt.

Am Ende der Dialektik der Aufklärung steht (so Adorno) ein System, das in seiner Willkür dem Lebendigen gegen-

---

1 Amlinger und Nachtwey, S. 46. Die Hinzufügungen und Auslassungen in [eckigen] Klammern durch die Autoren. Aus: Herbert Marcuse, *Kultur und Gesellschaft* I, Frankfurt/M. 1965, S. 7. (Zitat im Original überprüft. Marcuse spricht hier von einer gemeinsamen Überzeugung derer, die am Frankfurter Institut für Sozialforschung arbeiteten.) Zur umfassenden Ausarbeitung der These vgl. Stefan Blankertz, *Die Katastrophe der Befreiung: Faschismus und Demokratie*, Berlin 2015, S. 85-118. Demokratie kann offensichtlich ständig in Faschismus kippen. Vergleiche weiter hinten S. 114ff.

über erheblich an Reichweite zugenommen hat: Eine perfekte Beschreibung der gegenwärtigen Verhältnisse.

2:3

Man könnte annehmen, diese Theorie wäre auf das Milieu der Proteste gegen staatliche Maßnahmen bestmöglich zugeschnitten, ob es sich um diejenigen für die (angebliche) Eindämmung einer Pandemie handelt oder um andere; also auf das Milieu, das in «Gekränkte Freiheit» als libertärer Autoritarismus gekennzeichnet wird. Dass die Autoren sich dennoch ungeniert auf Adorno beziehen können (sie zitieren sogar die oben wiedergegebene Aussage aus der Dialektik der Aufklärung!),[1] ohne dass ihnen dessen entgegengesetzte Orientierung um die Ohren fliegt, liegt dies daran, dass im heutigen Protestmilieu Adorno als Vertreter des herrschenden links-grünen Mainstreams gilt.

2:4

Wenn wir Adornos Messlatte an die «Gekränkte Freiheit» anlegen, erhalten wir das Bild einer Dialektik der Gegenaufklärung. Die hier präsentierte Gegenaufklärung steht am Ende der Dialektik der Aufklärung – sie legitimiert Herrschaft durch Universalismus und Rationalität, um die befreienden Aspekte der Aufklärung vergessen zu machen und die Herrschaft ohne unbequemen Widerspruch herrschen lassen zu können. Die Institutionen der bürgerlichen

---

1 Amlinger und Nachtwey, S. 35. Das aufklärerische Denken enthält «schon den Keim zu jenem Rückschritt, der heute [1944] überall sich ereignet». Im weiteren Verlauf referieren sie, Horkheimer und Adorno hätten in ihrer «Dialektik der Aufklärung» die zwei gesellschaftlichen Erfahrungen der «Heraufkunft der kapitalistischen Massendemokratie und des Faschismus» verarbeitet, um das ganze Buch hindurch aber jegliches Infragestellen dieser Demokratie als inhärent autoritär zu geißeln. Anscheinend ist für sie eine libertäre Alternative zur Demokratie schlechterdings undenkbar.

Demokratie bringen die Autoren als Bollwerk gegen die gefährliche Herausforderung in Stellung, die vom Libertarismus für die Legitimation der Herrschaft ausgeht. Adornos Kritik ist verdrängt. Stattdessen geben sie den Slogan aus, «natürlich» müsse «die Politik am Ende kollektiv bindende Entscheidungen treffen»,[1] basierend auf dem «kollektiven Realitätsprinzip».[2] Das demokratische Kollektiv rationaler Bürger bleibt in dieser Gegenaufklärung ohne Begrenzung durch den Geist aufklärerischer Liberalität.

2:5

Im Zusammenhang des Fehlens einer kritischen Distanz zur Demokratie bei den Autoren ist es auch bemerkenswert, wie sie mit Alexis de Tocqueville (1805-1859) umgehen. Dass sie ihn weder zeitlich oder ideengeschichtlich einordnen, passt zu ihrem Verfahren, auch historische Denker zu zitieren, als seien sie Zeitgenossen; aber das nur am Rande. Zudem versäumen sie es zu bemerken, dass er eher ein konservativ-liberaler Kulturkritiker ist.[3]
Freilich verkürzen sie Tocquevilles Kritik der Demokratie. Was sie merkwürdigerweise als einziges von ihr herausgreifen, ist die Beobachtung, dass die Sensibilität gegen Ungleichheit um so größer werde, je stärker in einer Gesellschaft die Gleichheitsnorm etabliert sei. Als ein aktuelles Beispiel steuern die Autoren die frappante Hypothese bei,

AMLINGER & NACHTWEY: «vermeintliche Nebensächlichkeiten wie gender-sensible Sprachkonventionen» einzufordern, habe «sicher auch mit einer gesteigerten

---

1 Amlinger & Nachtwey, S. 353.
2 Amlinger & Nachtwey, S. 346.
3 Und insofern schlecht zu Adorno passt, der Kulturkritiker nicht leiden konnte: Sie schieben auf die Kultur Übel, die dem System anzulasten seien.

gesellschaftlichen Wahrnehmung von Ungleichheiten zu tun».[1]

Gendern, eine «Nebensächlichkeit»? Solche Qualifizierung würde man eher aus der Ecke libertärer Rebellen erwarten. Ein Dutzend Seiten später nennen sie Einwände der linken Politikerin Sahra Wagenknecht (sie rechnen sie wohl dem libertären Protestmilieu zu) gegens Gendern und andere Lieblingsbeschäftigungen von grünen Politiker:innen «ressentimentgeladen».[2] Ist Gendern mit einem Mal doch nur *vermeintlich* eine «Nebensächlichkeit»? Die Autoren jedenfalls gendern im ganzen Buch, außer einen Begriff, der uns noch beschäftigen wird, den Konsensleugner.[3] Der ist anscheinend nur männlichen Geschlechts.[4] Aber wo ordnen wir dann Sahra Wagenknecht ein?

2:6

Vor allem aber steht Tocquevilles Kritik an der Gleichheitsnorm im Rahmen einer kritischen Auseinandersetzung mit der jungen nordamerikanischen Republik. Zunächst ist es jedoch wichtig zu bemerken, dass er voller Bewunderung für die Institutionen dieser Republik ist, in denen Bürger ihre Selbstregierung erproben und ihr Selbstbewusstsein ausdrücken können. Die entscheidende Voraussetzung für solche Institutionen ist nach Tocqueville Dezentralisierung der Macht. Er setzt die amerikanische derart in Gegensatz zur französischen Revolution, die eine Zentralisierung der Macht herbeiführte. Auf die Weise formuliert Tocqueville einen Wegbereiter der Dialektik der Aufklärung. Allerdings

---

1 Amlinger & Nachtwey, S. 148.
2 Amlinger & Nachtwey, S. 160. Was für ein überzeugendes Argument…
3 Siehe die Fallstudie *Wissenschaft, Herrschaft und Konsensleugner:innen*.
4 Amlinger & Nachtwey, S. 346.

analysiert Tocqueville zudem eine Gefahr der Demokratie (ebenfalls im Sinne einer Dialektik der Aufklärung), nämlich deren Umschlagen in eine «Allmacht» oder «Tyrannei der Mehrheit».

TOCQUEVILLE: «Die Unumschränktheit liegt im Wesen der Mehrheit, in den demokratischen Regierungen, denn außer der Mehrheit kann ihr daselbst nichts Widerstand leisten.»[1]

Hellsichtig erkennt Tocqueville schon 1836 den Mechanismus, welcher in der Demokratie den Konsens erzwingt, und zwar das Interesse der am demokratischen Prozess beteiligten Parteien, die Macht ihrem Willen anzupassen:

TOCQUEVILLE: «Alle Parteien sind bereit, die Rechte der Mehrheit anzuerkennen, weil alle hoffen, sie einstens zu ihrem Vorteil benutzen zu können.»[2]

Anschließend entwickelt Tocqueville einen Gedanken, der die Demokratieerzählung an ihrem Ursprung erschüttert. Denn die Erzählung, die Herrschaft der Mehrheit würde dem Machtmissbrauch, der anderen Regierungsformen vorgeworfen wird, ausschließen, entbehrt jeder Logik wie jeder Empirie:

TOCQUEVILLE: «Was ist denn die Mehrheit in ihrer Gesamtheit anders, als ein Einzelner, welcher Meinungen und oft sogar Interessen hat, die einem andern Einzelnen der Minderzahl entgegen sind? Muss man nun zu-

---

1 *Über die Demokratie in Nordamerika*, Zweiter Theil, Leipzig 1836, S. 101.
2 Tocqueville, S. 104.

geben, dass ein mit Allmacht begabter Mensch solche wider seine Gegner missbrauchen kann, warum will man das Nämliche bei der Mehrheit nicht als möglich zugeben? Haben die in einer Staatsgesellschaft sich verbindenden Menschen darum ihren Charakter verändert? [...] Wenn man gestehen muss, dass ein Volk wider ein anderes tyrannisch handeln kann, warum will man denn leugnen, dass die Parteien in einem gleichen Verhältnisse zu einander stehen können? Was mich anbetrifft, so werde ich, wenn ich einem Einzelnen, der als Mensch mir gleich steht, das Recht, alles zu tun, was ihm beliebt, nicht einräume, dies eben so wenig einer Mehrzahl zugestehen.»[1]

Weit davon entfernt, die Staatsgewalt effektiv zu zügeln, ist die Demokratie, so bereits Tocqueville, ein Werkzeug, um sie zu entfesseln:

TOCQUEVILLE: «Was ich [...] der demokratischen Regierung, wie sie in den vereinigten Staaten eingerichtet ist, zur Last lege, das ist nicht ihre Schwäche, wie viele Europäer behaupten, sondern vielmehr ihre unwiderstehliche Kraft; und was mir in Amerika am meisten widerstrebt, das ist nicht die dort herrschende höchste Freiheit, sondern die dort nicht anzutreffende Gewähr wider die Tyrannei.»[2]

Unter der Überschrift «Wirkungen der Allmacht der Mehrheit auf die Willkür der amerikanischen Staatsbeamten» wird bemerkt:

---

1 Tocqueville, S. 107f.
2 Tocqueville, S. 109. Vergleiche weiter hinten S. 114ff.

TOCQUEVILLE: «Man muss hier die Willkür von der Tyrannei unterscheiden. [...] In der Regel lässt das Gesetz den amerikanischen Beamten weit freiere Hände, als wir das in Europa gewohnt sind. [...] Bisweilen erlaubt ihnen sogar die Mehrheit, auszuschreiten. Geschützt durch die Meinung der Mehrheit, und stark durch ihre Mitwirkung, wagen sie dann Dinge, wovon selbst ein an manche Willkürlichkeiten gewohnter Europäer erstaunt.»[1]

Als Beispiel für die «Willkür der Magistrate unter der Herrschaft der amerikanischen Demokratie» führt er an:

TOCQUEVILLE: «In Neuengland können [...] Magistrate in den Wirtshäusern die Namen der Trunkenbolde anschlagen, und bei Geldstrafe den Wirten verbieten, ihnen geistige Getränke zu reichen. [...] Eine so strenge Sittenzensur würde das Volk in der absolutesten Monarchie zum Aufruhr bringen können, und in Amerika unterwirft man sich solcher Strenge ruhig.»[2]

Nur selbstbewusste Bürger mit stark individualistischem Drang zur Unabhängigkeit, bewehrt mit Meinungs- und Pressefreiheit sind nach Tocqueville Barrikaden gegen die Herausbildung einer derartigen tyrannischen Allmacht der Mehrheit: Damit ruft er auf zu genau jenem Verhalten, von dem das libertäre Milieu gekennzeichnet ist, das Amlinger und Nachtwey stigmatisieren wollen. Mit sowohl Adorno als auch Tocqueville stützen die Autoren sich auf externe Autoritäten, die sie nicht begriffen haben; deren Theorien

---

1 Tocqueville, S. 111.
2 Tocqueville, S. 45f.

sprechen nämlich unzweifelhaft für das Protestmilieu und dessen Aufbegehren gegen die staatliche Bevormundung und Einschränkung.

2:7

Von Tocqueville zurück zu Adorno (und Horkheimer). In der Dialektik der Aufklärung schreiben sie, was der gegenwärtigen Obsession der herrschenden Erzählungen, den Erzählungen der Herrschenden, Gleichheit sei der einzig gültige Wertmaßstab jeder gesellschaftlichen Verfassung, diametral entgegensteht:

HORKHEIMER & ADORNO: «Die Horde, deren Namen zweifelsohne in der Organisation der Hitlerjugend vorkommt, ist kein Rückfall in die alte Barbarei [aus der Zeit vor der Aufklärung], sondern der *Triumph der repressiven Egalität*, die Entfaltung der Gleichheit des Rechts zum Unrecht durch die Gleichen.»[1]

Nein, auf Adorno (und Horkheimer) kann keiner sich mit Fug und Recht berufen, der die Gleichheit zum alleinigen Gradmesser für die Güte einer Gesellschaft erklärt. Der Begriff der repressiven Egalität und die Anklage gegen das Unrecht durch die Gleichen, die die Kritische Theorie im Zentrum ausmacht, sprechen eine andere Sprache als die der herrschenden Technokraten der Staatsgewalt im Gewand des Humanismus, der schon lange in sein Gegenteil kippte: Dialektik der Aufklärung. Amlinger und Nachtwey repräsentieren sie, sind ihr in die Falle gegangen. Adorno hatte sie davor bewahren sollen. Hätte.

---

1 Max Horkheimer und Theodor W. Adorno, *Dialektik der Aufklärung* (1944; erstmals publiziert 1947), Frankfurt/M. 1971, S. 15; meine Hervorhebung.

Gleichheit ist das Steckenpferd derer, die *gleicher als gleich* sind – oder die es werden wollen. Die Gleichheit in einer Gesellschaft wird mit dem sogenannten Gini-Koeffizienten gemessen. Keine Angst, hier soll es nicht um die Formel gehen. Doch so viel: Der Gini-Koeffizient hat zunächst gar keine soziologische Bedeutung, sondern misst einfach nur die Gleichverteilung von Merkmalen. Die soziologische Anwendung ist ihm nachträglich angehängt worden.

Eins muss von Anfang an triftig sein: Der Gini-Koeffizient misst nicht den Wohlstand einer Gesellschaft.[1] Ein gleichmäßiges niedriges Einkommen ergibt einen guten Gini, ein ungleichmäßig hohes Einkommen, bei dem das niedrigste Einkommen deutlich über dem der erstgenannten Gesellschaft liegt, würde schlechter abschneiden.

Eine Angleichung nach unten würde mithin einen deutlichen Zugewinn an Gleichheit (aber eine Abnahme an Wohlstand) mit sich bringen. Eine solche Angleichung lässt sich leicht vorstellen und sowohl ökonomisch als auch politisch bewältigen: Den Reichen wird so viel genommen und an die Armen verteilt, bis alle ungefähr das Gleiche haben. In dieser Hinsicht ist in den westlichen Industriestaaten viel erreicht, der Gini-Koeffizient für Einkommen ist hier kaum noch zu unterbieten. Lassen wir die Frage beiseite, ob dies (wie die Wissenschaft der Herrschenden behauptet) auf die Staatstätigkeit der Umverteilung oder

---

1 In der Liga Gini < 30 (30 ist der Deutschlands) Mitte der 2010er Jahre findet man Slowenien, Norwegen und Algerien; in der > 50 Brasilien, Hong Kong und Südafrika. Wer in Deutschland oder auch Hong Kong würde sich die Verhältnisse wie in Algerien wünschen? (Hinweis: Je *kleiner* der Gini, um so *größer* ist die Gleichheit. Er liegt zwischen 0 und 100.)

auf die Marktkräfte zurückzuführen ist, sondern gehen zu einem zweiten Faktum über.

2:10

Der Gini-Koeffizient für Vermögen ist im Gegensatz zu dem der Einkommen sehr schlecht (gemessen an dem Ideal der Gleichheit).[1] Warum ist das so?

Den Reichen – das heißt, den Reichen, die ihren Reichtum auf das Agieren der Staatsgewalt und nicht auf ihre Fähigkeit bauen, den Mitmenschen zu dienen – geht es niemals um Einkommen. Ist irgendwer reich geworden durch Einkommen? Ihnen geht es um Vermögen. Zur Akkumulation von Vermögen gibt es keinen besseren Weg als den über die Staatsgewalt und den über Umverteilung.

Aus diesem Grund gibt es so wenig Widerstand gegen Umverteilung. Denn die Umverteilung auf der Ebene von Einkommen, die den Reichen völlig am Arsch vorbei geht, ist nur das Zückerchen für die Armen, um sie für ihre Agenda zu gewinnen. Die Armen meinen, von der Umverteilung zu profitieren, also wählen sie die Umverteiler, während die großen Mengen an Geld in die Umverteilung von unten nach oben gehen: In allen Aktionen der Umverteilung und in allen Krisen steigen die Vermögen, und steigt die Ungleichheit auf Vermögensebene, während sie eventuell und manchmal auf der Ebene der Einkommen abnimmt.

(Beiseite gelassen zudem die Fragen, ob die staatlich erhobenen Daten korrekt sind und ob die Messung durch den Gini-Koeffizienten irgendetwas Substanzielles aussagt.)

---

[1] Um bei den selben Ländern und im selben Zeitraum zu bleiben: Der Vermögens-Gini beträgt in Slowenien 49, in Algerien 72, in Südafrika 76, in Deutschland 79, in Norwegen fast 80, in Brasilien 83 und in Hong Kong 85. Slowenien als weltweites Vorbild? Südafrika gleicher als Deutschland? Keine überzeugenden Schlussfolgerungen.

Der von der Umverteilung betroffene Mittelstand hat das Nachsehen und keine Lobby, aber auch er hält (meistens jedenfalls) still. Warum das? Auch er erhält sein Zückerchen. Wollte er etwa darauf verzichten, dass seine Berufe durch Zugangsschranken geschützt werden? Will der Apotheker darauf verzichten, dass die Staatsgewalt unausgebildetes Gesocks hindert, medizinische Produkte feilzubieten? Will der Meister darauf verzichten, dass die miese Konkurrenz aus Polen oder Syrien ihre Dienste allenfalls illegal an den Mann bringen kann? Will der Arzt darauf verzichten, dass Leute, die sich mehr Zeit für die Patienten nehmen als er, mittels Approbation daran gehindert werden, ihm die Kundschaft wegzuschnappen? Die Liste ist endlos.

Der Mittelstand und die Armen halten still. Die Reichen werden reicher. Guter Deal. Und dann gibt es die minderbemittelten Erben (was haben deren Väter gemacht? waren vermutlich abwesend!), die scheinmasochistisch ausrufen: Besteuert uns! Oh ja, keiner würde sie abhalten, ihr Geld an irgendwen zu geben, sei es vermittels selbst organisierter Aktionen für Arme (oh nein!, da müssten wir uns ja eigene Gedanken machen), sei es vermittels Spenden für wohltätige Organisationen (ich bin gern behilflich, eine Liste zu erstellen ..., mit mir an oberster Stelle), sei es sogar an den Staat (kommt nicht oft vor; legendär ist Ted Turners eine Milliarde an die UN 1998 – natürlich hat er es getan, um seiner Frau Jane Fonda zu imponieren ...). Worauf warten sie? Hat ihnen ihr Vater nicht beigebracht, dass Eigentum heißt, nach Gutdünken über es zu verfügen? Warum erst warten, bis die Staatsgewalt kommt, um es zu nehmen? Verfügt über es und tut Gutes, wenn ihr das Bedürfnis danach verspürt. Aber warum glaubt ihr, dass es nur dann gut sei, wenn der Staat es euch mittels Zwang nimmt, um es in seinem Sinne und nach seinem Gutdünken zu verwenden? Glaub ihr, sein Gutdünken sei besser als euer Gutdünken? Für diesen Glauben gibt es keine Grundlage.

2:12

Für diesen Glauben gibt es keine Grundlage, außer er ist eine Finte. Die Finte könnte darin bestehen (und meiner Analyse nach besteht sie darin), dass die Besteuerung zwar die Illusion erweckt, «den Reichen zu nehmen, um den Armen zu geben», in Wirklichkeit aber den Armen nimmt, um den Reichen zu geben. Im Einzelfall mag die eine oder andere Erbin, der eine oder andere Erbe tatsächlich naiv sein; doch halte ich das für eher die Ausnahme. Viel einleuchtender ist für mich die Erklärung, dass sie auf die Besteuerung warten, statt die Initiative für philanthropische Tätigkeit zu ergreifen, weil die Bilanz der Besteuerung für sie letztlich vorteilhaft ist.

2:13

Die Erforschung der individuellen Befindlichkeit oder des individuellen Bewusstseins des einen oder andern Reichen, des einen oder des anderen Erben ist im Grund genommen auch unerheblich. Soziologisch entscheidend ist das Ergebnis: Die Reichen opfern die Ungleichheit des Einkommens, um die Ungleichheit des Vermögens aufrecht zu erhalten und zu intensivieren. Wobei sie ihr Opfer nichts kostet: Sie «opfern» Andere, nicht sich selber.

2:14

Zwischen der Forderung nach (totaler) Enteignung und derjenigen nach Umverteilung (gewissermaßen einer Teilenteignung) scheint ein fließender Übergang zu bestehen. Es lohnt sich jedoch, genauer hinzusehen.

Die staatskommunistische Forderung nach einer totalen Enteignung mag von der ökonomischen Theorie her falsch und in der praktischen Konsequenz fatal sein, sie ist aber zunächst einmal in sich logisch stimmig: Unter der Voraussetzung, dass Reichtum erstens unrechtmäßig sei und zweitens Armut verursache, ist es dann logisch stimmig, die (totale) Enteignung zu fordern. Eine solche Forderung ist allerdings aus praktischen Gründen im 21. Jahrhundert fast völlig aus der politischen Landschaft verschwunden, nachdem sie in den ersten drei Vierteln des 20. Jahrhunderts einen Höhepunkt des Einflusses erreicht hatte: Russland 1917, Nordkorea 1945, China 1949, Kuba 1959, Kambodscha 1975; Nachzügler: Simbabwe 2000.

2:15

Dass die Forderung nach totaler Enteignung bis auf einflusslose extremistische Randgruppen verschwunden ist, hat seinen guten Grund: Der versprochene Beginn eines neuen Goldenen Zeitalters, in dem alle wie im Schlaraffenland leben, gleich, glücklich und mit vollen Bäuchen, kehrte sich dramatisch um in Hungersnöte, Armut und Umweltzerstörung; einhergehend damit in die tiefe Kluft zwischen einfachen Bürgern und den Bonzen von Partei und Staat.
Mit diesem praktischen Ergebnis der totalen Enteignung erledigte sich auch die Theorie. Es keimte die Einsicht, dass Reichtum notwendig ist, um den Wohlstand für alle zu schaffen. Die sozialdemokratische Variante setzte sich durch. Heute ist sie das Credo aller Parteien und fast aller politischen Bewegungen; Unterschiede gibt es nur noch bezogen auf die Höhe der Umverteilung und auf die Gruppen, denen genommen, sowie den Gruppen, denen gegeben werden soll. Die praktische Überlegung hinter dem sozialdemokratischen Credo lautet: Auf dass «die» Reichen den

Wohlstand schaffen, um den Armen ein besseres Leben zu ermöglichen, lassen wir sie *ex ante* produzieren; weil ihnen jedoch die Tendenz eignet, ihren Reichtum für sich zu behalten, nehmen wir ihnen *ex post* von ihrem Reichtum und verteilen ihn an die Armen.

2:16

Während die Forderung nach totaler Enteignung unter der Voraussetzung, ihre Prämissen seien richtig, in sich logisch stimmig ist, ist es die nach Umverteilung aber nicht.
Erstens wäre moralisch-theoretisch zu fragen: Wenn der Reichtum legitim ist, weswegen sollte es ebenfalls legitim sein, ihn zu beschneiden?
Zweitens ist praktisch-ökonomisch zu fragen: Wenn der Reichtum zur Schaffung des Wohlstands auch der Armen beiträgt, weswegen sollte es ein Beitrag zur Reduktion von Armut sein, den Reichtum zu reduzieren?
Da das Credo der Umverteilung also unstimmig ist, steht zu untersuchen, aus welchem Grund es sich dennoch so hartnäckig hält. Soweit die Armen durch den Reichtum profitieren, wer profitiert dann durch die Umverteilung? Die paradoxe Antwort lautet: Die Reichen.

2:17

Diese Antwort ist aber noch zu undifferenziert. Weder die überholte staatskommunistische noch die aktuelle sozialdemokratische Version der Umverteilung berücksichtigt eine wichtige analytische Unterscheidung. Denn Reichtum ist nicht gleich Reichtum. Es gibt Reichtum, der generiert wird, indem der Reiche via Markt den Mitmenschen Gutes tut. Er bietet Waren an, die sie brauchen oder mögen. Oder er bietet sie günstiger an als bisher. Er bietet Innovationen an, die sie bislang noch nicht kannten und die ihr Leben leichter oder schöner machen. Ihre Arbeit organisiert er als Unternehmer so, dass sie produktiver sind; sie profitieren als Mitarbeiter davon durch höhere Gehälter. Dieser Reichtum dient den Armen; er begründet überdies ein legitimes Eigentum: Seine Tätigkeit nimmt niemandem, sondern bietet vielen etwas. Für solchen Reichtum gilt genau nicht das Hebelgesetz von Bertolt Brecht, «wärst du nicht reich, wär' ich nicht arm»; sondern: Wärst du nicht reich, wär' ich noch ärmer.

2:18

Doch gibt es eben auch anderen Reichtum, den Reichtum, der durch Raub entsteht. Bei einer direkten Beraubung leuchtet jedem sofort ein, dass der, der sich am Eigentum des Nächsten bedient, seinen Reichtum auf dessen Verarmung gründet. Komplexer wird die Sache, wenn es sich um strukturellen Raub handelt, um Raub durch die Staatsgewalt. Die Staatsgewalt schanzt Begünstigten Vorteile zu, verleiht Monopolrechte, subventioniert Unternehmer, die nicht in der Lage sind, auf dem Markt Erfolg zu haben und so weiter. Schließlich schafft sie bestens dotierte Jobs im Bereich von Politik und Verwaltung, die gänzlich aus der Beute (vornehm «Steuern» genannt) finanziert werden. Ebenso eindeutig wie die erste Gruppe der Reichen via Markt den Armen dient, gehört nun die zweite Gruppe der Reichen via staatlich organisiertem Raub zu genau denen, die Armut schaffen.

Der Staatsgewalt wohnt die unweigerliche Tendenz inne, die Quelle des Reichtums vom Markt auf den Raub zu verlagern; sie mindert den Reichtum, von dem die Armen profitieren, und mehrt den Reichtum, der ihnen schadet. Nun ist es durchaus anstrengend, Reichtum auf dem Markt zu generieren und aufrechtzuerhalten. Die Reichen haben einen starken Anreiz, die Verlagerung vom Markt auf den Raub zu unterstützen und damit ihre eigene Position zu festigen. Das Argument, sie würden die Staatsgewalt ausbauen, um den Armen zu helfen, ist ein wahltaktischer Kniff, der die demokratischen Mehrheiten sicher stellt.

2:19

Damit man die ganze Tragweite dieses Kniffs durchschaut, muss man eine weitere Schicht der Komplexität heranziehen. Durch den Raub, den die Staatsgewalt organisiert und legalisiert, entsteht – wie gesagt – Armut, etwa indem Arbeitslosigkeit induziert wird. Wenn die Staatsgewalt aus ihrem Raubgut (also den Steuern) die auf diese Weise zur Selbsthilfe unfähig gemachten Menschen unterstützt, macht sie aus ihren Opfern willige Wähler; denn sie haben nun den Eindruck, die Staatsgewalt sei es, die sie füttert, wogegen sie die Reichen als ihre Feinde ansehen, was ebenso falsch wie richtig ist.

Fast kein Unternehmer wehrt sich je gegen die populäre Zuschreibung, Unternehmer seien *per se* Ausbeuter, welche staatlich reguliert und geschröpft gehören. Warum nicht? Weil sie es sind, die in Wahrheit vom System profitieren. Durchs Narrativ des bösen Unternehmers und des guten Staats verbunden mit der Subventionierung der Armut werden die Opfer zu Lämmern. Das System stabilisiert sich.

2:20

Das «Bedingungslose Grundeinkommen» war einmal ein Gedankenspiel von dem neoliberalen Wirtschaftsprofessor Milton Friedman. Rechnen wir alle die Gelder zusammen, sagte er vor weit mehr als einem halben Jahrhundert, die an tatsächlich – oder scheinbar – Arme umverteilt werden, und dividieren die Summe durch die Bezugsberechtigten, könnten wir ihnen weit mehr geben als bisher und gleichwohl noch eine ganze Menge einsparen. Damit wollte er deutlich machen, wie viel die Verteilungsbürokratie kostet, die nach den komplizierten Schlüsseln der Berechtigung das Geld verteilt und dabei selber mehr Geld verschlingt, als sie an die Bedürftigen weitergibt. Heute sähe diese Rechnung noch krasser aus, denn bekanntlich sind die Sozialausgaben seit jener Zeit unermesslich gestiegen. Ob Friedman jemals meinte, sein Gedankenspiel solle in Form Bedingungslosen Grundeinkommens umgesetzt werden, ist fraglich. Weshalb es nicht mal ausprobieren?, heulen die ökonomisch naiven Befürworter heute.

2:21

Deren ökonomische Naivität lässt sich aufzeigen anhand eines Beispiels, das zumindest in vielen Großstädten ein wesentlicher Punkt der Diskussion ist, die Wohnungsfrage. Die Befürworter des BGE gehen davon aus, diejenigen, die derzeit Schwierigkeiten haben, die Miete für eine halbwegs anständige Wohnung aufzubringen, würden mit dem BGE im Rücken zu glücklichen Mietern einer *üppigen* Wohnung werden. So einfach wäre das! Die naive Kalkulation lautet: Der Haushalt mit kleinem Einkommen verfügt mit dem Zusatz des BGE über genügend Geld, um eine *bescheidene*, aber schöne Wohnung mieten zu können, von der er schon immer träumte. Schön wär's.

2:22

Betrachten wir die Situation unter Zuhilfenahme von zwei Fakten, die sicherlich niemand bestreitet, nämlich erstens: **1.** Hohe Mietpreise drücken eine Knappheit an Wohnraum relativ zur Nachfrage in einer bestimmten Region aus, zum Beispiel in München oder inzwischen auch in Berlin. Wenn nun umgekehrt relativ zur Nachfrage in einer bestimmten Region ein Überangebot an Wohnraum besteht, dann sind die Mieten niedrig (etwa in vielen ländlichen Regionen und Kleinstädten).

2. Nun zum zweiten harten Faktum, welches Befürworter des BGE geflissentlich ständig übersehen (oder aufgrund ihrer Naivität nicht zu sehen vermögen): Durch das BGE wird keine einzige Wohneinheit mehr in der Region mit relativer Knappheit zur Verfügung gestellt. Noch einmal zum Mitschreiben: *keine einzige!* Das Verhältnis von Angebot und Nachfrage bleibt völlig konstant.

Die naiven BGE-Befürworter sitzen der Geldillusion auf: Sie glauben, Geld regiere die Welt und schaffe Wohlstand. Aber sie sind nicht allein. Die Mehrheit der ökonomischen Pseudowissenschaft verkündet die Geldillusion.

2:23

Um es anschaulich zu machen: Da gibt es in der Gartenstraße die kleine schnuckelige Einraumwohnung. Die junge Grafikdesignerin Maria, blond und blauäugig, gerade mit ihrem Kunststudium fertig, stolze Inhaberin eines ersten hochdotierten Jobs bei einer angesagten Werbeagentur, hat sich in sie verguckt und möchte dort einziehen genauso wie Ali, Vater zweier halbwüchsiger Kinder, seine Frau hat er während der Flucht an das Meer verloren, verzweifelt, schwarzhaarig, hager, traumatisiert; aber er kämpft für seine Kinder. Er wäre zufrieden mit der Einraumwohnung, irgendwie würden sie es schon hinkriegen auf so wenigen Quadratmetern. Doch wie soll er sie finanzieren als Paketzusteller bei Amazon?

Das BGE wird ihm helfen. Denn nun kann er mit Maria mithalten und die geforderte Miete zahlen. Fortuna nickt Ali freudig aufgeregt zu.

Allerdings. Die Idee des BGE besteht darin, dass *jeder* den gleichen Betrag erhält, ohne Ansehen der Person. Denn alles andere würde zurückführen in die teure Verteilungsbürokratie; ansonsten müssten wieder Ansprüche geprüft werden usw., was die Unmengen an Geld verschlingt, die durch das BGE eingespart werden sollen.

Was heißt das nun bezogen auf unseren konkreten Fall? Genau. Maria erhält *zusätzlich* zu ihrem sowieso schon vergleichsweise üppigen Lohn das BGE, genau wie Ali. Sie ist dementsprechend weiterhin bereit und in der Lage, eine deutlich höhere Miete für die Wohnung zu bieten als Ali.[1]

2:24

Neben der Geldillusion treibt eine zweite Illusion die BGE-Befürworter um, und das ist die Illusion des festen Preises. Irgendwie gehen sie offenbar davon aus, dass der (Miet-)Preis eine feststehende Größe zu einem gegebenen Zeitpunkt sei. Haben wir für die besagte Wohnung *vor* der Einführung des BGE einen bestimmten Preis, würde der Preis *nach* der Einführung des BGE der gleiche bleiben. Aber das macht keinen Sinn. Da nun jedermann und auch jedefrau über genau den Betrag des BGE mehr verfügt, müssen die Preise von allem und jedem um genau den Betrag des BGE steigen. Warum? Weil der Betrag des BGE die Nachfrage steigert. Wenn die Preise stabil bleiben würden, würden die ersten Nachfrager zwar zum alten Preis befriedigt, aber die

---

1 Milton Friedmans Idee sah anders aus: Das Grundeinkommen möge von der Einkommenssteuer abgezogen und denen, die weniger oder gar keine Steuern zahlen, die Differenz erstattet werden («negative Einkommenssteuer»). Dies würde in der Tat den Gini reduzieren, mithin die Gleichheit erhöhen. Der Effekt auf den Wohnungsmarkt: Die Konkurrenz unter jenen würde verstärkt, die sich nur geringe Mieten leisten können, und auf diese Weise ausgerechnet die Wohnungen mit den günstigsten Mieten teurer werden lassen. Dennoch wäre es die weniger schädliche Lösung.

letzten Nachfrager stünden von leeren Regalen, oder in Fall meines Beispiels: vor den bereits vermieteten Wohnungen. Nur Arbeit schafft Wohnraum. Nur mehr Arbeit verschafft mehr Wohnraum. Jeder, der Arbeit abschreckt, schadet den Armen. Jeder, der Arbeit fördert, nutzt den Armen. Nutzt Ali und seinen Kindern; wohlgemerkt: Ohne dabei Maria zu schaden. Das ist das Wunder des Marktes.

2:25

Natürlich ist Maria fürs Bedingungslose Grundeinkommen engagiert. Denn sie will ja, dass es auch Ali gut geht. Nur diese Wohnung, tut mir leid, Ali, in die habe ich mich verguckt. Durch das BGE aber bist du in der Lage, eine andere schöne Wohnung für deine Kinder und dich zu kriegen. Maria, blond und blauäugig, was für ein:e Heuchler:in du bist. Maria spielt das Machtpoker.

2:26

Sich dieser Machtfrage zu stellen, das vermeiden Amlinger und Nachtwey: Das Milieu libertären Protests protestiere gegen Einschränkungen der Freiheit; dies kränke die Freiheit (beziehungsweise diejenigen, die auf Freiheit pochen). Penetrant unterstellen sie, dass die Protestierenden nur Einschränkungen ihrer je eigenen Freiheit beklagen, sich um diejenigen der Mitmenschen dagegen nicht kümmern würden. Irgendwie scheinen solche Einschränkungen der Freiheit nach Auffassung der Autoren notwendig zu sein. Notwendig für wen? Wie wird darüber entschieden, was notwendig ist? Mithin: Wer verfügt über die Macht zu definieren, was notwendig sei? Wer verfügt über die Macht, jenes, was als notwendig definiert wurde, gesellschaftlich dann auch durchzusetzen? Über (soziale) Notwendigkeiten zu sprechen, ohne die Machtfrage aufzuwerfen, erhebt den

Anspruch, das Notwendige sähen alle gleich. Aber die Tatsache, dass es Widerspruch gibt, entkräftet den Anspruch. All jene, die protestieren, leugnen den Konsens. Auf den Begriff Konsensleugner:in komme ich in der Fallstudie zu den Corona-Maßnahmen zurück. Hier geht es mir darum, dass es unmöglich ist, der Machtfrage auszuweichen.

2:27

Macht ist allerdings ein schwer genau zu fassendes Wieselwort: Dass jemand an der Macht – oder am «Drücker» – sei, sagt man von einem Regierungschef, den das Volk oder dessen Repräsentanten wählten. Der «Machthaber» steht eher euphemistisch für einen Diktator; «die Mächtigen» gehen meist mit «den Reichen» Hand in Hand und üben eine gesellschaftlich unerwünschte Übermacht aus. Wer dagegen «die Macht über seinen Wagen verliert», hat das Nachsehen und verursacht einen Unfall, bei dem Andere oder er selber Schaden nehmen. Und wen die «Ohnmacht» umnachtet, ist nicht mehr Herr seiner selbst. Jeder, der etwas «macht», hat auch etwas Macht. Der Begriff «Machtmissbrauch» deutet darauf hin, dass es darüber hinaus eine nicht-missbräuchliche Anwendung von Macht gibt. Oder verhält es sich gar so, dass dem Menschen – vielleicht allem Lebendigen – ein «Wille zur Macht» eignet?
Die Vielschichtigkeit komplexer Begriffe erschwert die Debatte. Sie per Definition zähmen zu wollen, schlägt regelmäßig fehl. Zum einen lässt sich nichts definieren, ohne dabei nicht-definierte Worte zu verwenden; die Definition verschiebt das Problem nur. «Ich verstehe im Folgenden unter ‹Macht› Ausübung politisch organisierter Kontrollgewalt.» Ausübung? Politisch? Organisiert? Kontrolle? Gewalt? Oder: «Ich verstehe im Folgenden unter ‹Macht› die Ausübung von gesellschaftlichem Einfluss.» Gesellschaft-

lich? Einfluss? Diese Worte sind ihrerseits nicht definiert; deren Definition nachzuliefern, erfolgt unweigerlich mit weiteren nicht definierten Worten.

Neben diesem erkenntnistheoretischen Problem aber bedeutet der Versuch, die Vielschichtigkeit der Begriffe per Definition zu zähmen, Komplexität auf Kosten des möglichen Verständnisses eines in der Tat vielschichtigen Sachverhalts zu reduzieren. Im Folgenden soll bloß angetippt werden, wie es mit Macht im Sinne politisch-staatlicher Herrschaftsinstanzen sich verhält, auf dass es das Defizit von Amlinger und Nachtwey deutlich macht.

2:28

In der menschlichen Gesellschaft gibt es (im Unterschied zum Tierreich) keine Macht ohne Widerstand. Macht muss sich immer gegen Widerstand durchsetzen. Darum sieht die Macht sich ständig gezwungen, ihre Wirkmächtigkeit beweisen zu müssen, das heißt, sie muss stets unter Beweis stellen, dass sie in der Lage ist, Widerstand zu überwinden. Wenn der Beweis ausbleibt, wird der Widerstand überhand nehmen. Vorformen von Widerstand finden sich wohl erst bei einigen Primaten, deren Sozialstruktur meist eher von flachen und schnell wechselnden Hierarchien als bei vielen anderen sozial lebenden Arten gekennzeichnet ist.

Widerstand ist mithin eine primäre Verhaltensweise, wie Christian Sigrist es paradox formulierte.[1] Um die Richtigkeit dieser Aussage zu begreifen, brauchen wir nicht einmal, wie er es tat, in die sogenannte vorgeschichtliche Zeit der menschlichen Gesellschaft zurück zu gehen. Denn wir

---

[1] Christian Sigrist, *Regulierte Anarchie* (Freiburg i. Br. 1967; Nachdrucke Frankfurt/M. 1979 und Münster 1994 mit jeweils wichtigen erweiternden Vorworten, das von 1979 fehlt jedoch 1994; ansonsten sind die Ausgaben seitengleich).

beobachten zu keiner Zeit, dass Macht fraglos agiert, nicht herausgefordert wird und auf Drohgebärden im Fall von Widerstand verzichtet. Michel Foucault, der Philosoph der Macht nach Nietzsche, wies darauf hin, dass die Macht sogar aktiv Anlässe schaffe, um den Beweis ihrer repressiven Kraft zur Schau zu stellen, damit bloß keiner es wagt, aufzumucken.

2:29

Ein Aspekt der Macht, den Foucault weniger bedachte, ist: Die Größe der Macht oder deren Anspruchsbereich verhält sich anscheinend direkt umgekehrt proportional zu ihrer moralischen Verfasstheit und korreliert positiv mit den namens des Anspruchs begangenen Verbrechen. Bei der Betrachtung mächtiger Staaten drängt diese Formel sich auf, und zwar unabhängig von den Regierungsformen und Legitimationserzählungen. Ein Gleiches scheint auch für zahlreiche Stiftungen, NGOs und Konzerne zu gelten – das zumindest legen deren oft moralin-sauren Weltrettungs-, Menschenrechts-, Nachhaltigkeits- & Compliance-Werbetexte nahe. Hier versteckt der Machtanspruch sich hinter den SCHLAGworten (globaler) Verantwortung sowie (Mit-)Gestaltung. Diese Konzerne sind so wenig privat wie die NGOs Nicht-Regierungs-Organisationen sind, denn beide bilden mit dem Staat ein korporatistisches Netzwerk.

2:30

Immer wird Macht sich auch legitimieren. Zum mindesten oberflächlich. Es gibt keine *dauerhafte, organisierte* Macht, ohne ein gedankliches, normatives oder auch ideologisches System für ihre eigene Legitimation zu erschaffen. Die gesellschaftliche Spaltung, die jede Ausübung politischer Macht erzeugt, ist grundsätzlich eine zwischen der Klasse, die von der Staatstätigkeit profitiert, und derjenigen, der sie schadet. Der vielleicht erste, der dies analysiert hat, war John C. Calhoun. 1825 bis 1832 diente er als Vizepräsident der USA unter den Präsidenten John Quincy Adams und Andrew Jackson; zwar verteidigte er das Recht der Bundesstaaten, die Gesetze der Union nicht zu ratifizieren, war freilich leider auch ein Kriegstreiber und befürwortete zu Beginn des 19. Jahrhunderts einen Eingriff der USA in europäische Auseinandersetzungen; ebenso billigte er die Institution der Sklaverei. Soziologisch gehörte er zweifellos der von ihm definierten Klasse der Staatsprofiteure an.[1] In der Betrachtung von Sklavenbesitzern und Sklaven, von Feudalherrn und Bauern bereitet die Unterscheidung der Herrschenden von den Unterdrückten noch kein Kopfzerbrechen: Auf der einen Seite haben wir die, die von der unterworfenen Arbeit Anderer ohne deren Zustimmung leben, auf der Gegenseite jene, die vom Arbeitsprodukt nahezu alles oder zumindest einen großen Anteil abgeben müssen. Heute fällt die Unterscheidung schwerer.[2]

2:31

Legitimation zielt darauf ab, dass die Macht anerkannt werde, als sei sie eine Autorität, indem sie besagt, Herrschaft würde auch den Unterworfenen nützen: sei es, dass sie vorgibt, sie vor bösen Feinden zu schützen (Feinde wohlgemerkt, die sie meist zuvor selber produziert hat), sei es, dass sie vorgibt, ohne ihre Anleitung würden die Unterworfenen ja gar nicht produktiv arbeiten können, sei es, dass sie vorgibt, ohne ihre Instanzen der Rechtsprechung

---

[1] Die fehlende Übereinstimmung von Theorie und Praxis bei Philosophen, Wissenschaftlern wie auch Politikern ist ein Thema, das, allem Populismus zuwider, ein Argument gegen die Praxis, keins gegen die Theorie darstellt.
[2] Vergleiche dazu weiter hinten die Abschnitte 2:41 und 2:42, S. 69f.

würden die Unterworfenen übereinander herfallen und sich gegenseitig massakrieren. Man hält es kaum für möglich, aber diese Mär wird noch heute wiederholt. Steven Pinker gefällt sich in der Pose des modernen Hobbes und behauptet:

PINKER 2011: «Wie ein Bauer, der seine Tiere daran hindern will, sich gegenseitig zu töten, so versucht auch ein Herrscher, seine Untertanen von jenem Kreislauf aus Überfällen und Fehden abzuhalten, welcher die Ressourcen nur hin und her schiebt oder Rechnungen zwischen ihnen begleicht, aus seiner Sicht aber nur tödliche Verluste mit sich bringt.»[1]

Aus derlei Unsinn spricht freilich nur eins – das schlechte Gewissen der Herrn, sich ohne Gegenleistung des Arbeitsproduktes ihrer Unterworfenen zu bemächtigen. Denn wenn sie tatsächlich einen nutzbringenden Service leisten würden, könnten sie, statt die Anderen gewaltsam zu unterwerfen, auf deren freiwillige Kooperation setzen. Sie könnten dann unternehmerisch (anstatt gewaltsam) tätig werden.

2:32

Die Kraft der Macht zur Verführung wird auch im Neuen Testament angesprochen, etwa im Lukas-Evangelium. Hier ist die *Abrenuntiatio diaboli*, die Widersagung des Teufels, der Jesus alle Reiche der Erde, Macht (!) und Herrlichkeit verspricht, sowohl eine Warnung vor der teuflischen Ver-

---

[1] Steven Pinker, *Gewalt* (2011), Frankfurt/M. 2013, S. 83. Zur detaillierten Auseinandersetzung mit diesem Buch vgl. Stefan Blankertz, *Widerstand*, Berlin 2016. Pinker will uns doch tatsächlich weismachen, die schlimmste Tyrannei sei besser als die Anarchie.

führungskraft der Macht, als auch eine Aufforderung zu Humilitas, zu Bescheidenheit und Demut.

JESUS: «Der Teufel führte Jesus hoch hinauf und zeigte ihm alle Reiche der ganzen Welt in einem Augenblick und sprach zu ihm: ‹Alle diese Macht will ich dir geben und ihre Herrlichkeit; denn sie ist mir übergeben und ich gebe sie, wem ich will. Wenn du mich nun anbetest, so soll sie ganz dein sein.› Jesus antwortete und sprach zu ihm: ‹Es steht geschrieben: Du sollst den Herrn, deinen Gott, anbeten und ihm allein dienen.›»[1]

2:33

Die Produktion von Ideologie (= Herrschaftslegitimation qua der Aufstellung moralischer Wertesysteme) ist zwar so alt wie die Herrschaft selber; doch gewinnt sie erst nach der Aufklärung im modernen Staat an Bedeutung.[2] Mit der Herrschaft sind einerseits Vorteile verknüpft, andererseits lässt Herrschaft sich offenbar nur mittels einer Bündelung sozialer Kräfte realisieren: Eine solche Bündelung wird durch das Abstecken gemeinsamer Interessen erreicht. Diese Interessen sind auf das Agieren der politischen Macht gerichtet. Die gebündelten Menschen wollen, dass die politische Macht in ihrem Sinne und zu ihrem Vorteil agiere. Da dem Einzelnen, der möglicherweise zu einem solchen Bündel[3] gehören könnte, dennoch ein Handlungsspielraum bleibt, ist es von Bedeutung, jeweils einen hohen Organisationsgrad zu erreichen. Ein Apotheker-Verband, der 25 % der Apotheker zu seinen Mitgliedern zählt, wird

---

1 Lukas, 4:5-8 (Luther, Revision 2017).
2 Siehe weiter hinten S. 77 ff.
3 Faschismus leitet sich von italienisch *fascio* her, lateinisch *fascis*, Bündel. Im Bündeln liegt sowohl Stärke als auch Gefahr lauert.

weniger Einfluss generieren können als einer, der auf einen
Organisationsgrad von 75 % verweisen kann. Noch schlag-
kräftiger macht es, wenn so ein Verband mehrere Berufsgruppen zusammenzuführen versteht. Dann freilich wird
die Interessenlage deutlich schwieriger. Es ergibt sich hier
ein Problem der Balance: Eine umfassendere und größere
Organisation generiert zwar mehr gesellschaftliche Macht,
aber einen geringen gemeinsamen Nenner an Interessen;
eine exklusivere Organisation kann mit bloß geringerer
Masse aufwarten, dafür aber mit klarer definierten Interessen. Das übergeordnete Klasseninteresse besteht darin,
dass subventionierte, rechtlich bevorteilte Unternehmen
sich einerseits die Freiheit ihrer wirtschaftlichen Handlung
gegenüber Bestrebungen der Verstaatlichung bewahren
wollen, andererseits aber die jeweiligen Subventionen und
rechtlichen Vorteile zu erhalten oder auszubauen trachten:
Das Klasseninteresse ist «staatskapitalistisch»; die Klasse
der Staatskapitalisten zerfällt jedoch in etliche Fraktionen
oder Interessengruppen.

2:34

Eine weitere Variante sind Zwangsverbände: Die Staatsgewalt schreibt gewissen Branchen oder Berufsgruppen
vor, sich auf bestimmte Weise zu organisieren. Diesen Ver-
bänden werden dann spezielle Privilegien gegenüber den
Mitgliedern verliehen, ebenso wie man sie mit einem Zu-
gang zu den Schalthebeln der Macht ausstattet. Das war
die Grundidee des Faschismus – also Korporatismus, der
jedoch vor allem in den demokratischen Staaten eine weite
Verwirklichung erfuhr. Inzwischen entwickelte sich ein
vielschichtiges System mit rechtlich gesehen komplexen
Abstufungen von Zwängen. Das Prinzip aber ist immer das
gleiche: Es geht um die Bündelung von Interessen, damit

sie einerseits für die Staatsgewalt handhabbar, kalkulierbar und bewirtschaftbar sind und um andererseits eine Stimme gegenüber der Staatsgewalt behaupten.

2:35

Die Erkenntnis gemeinsamer Interessen ist ein zwischenmenschlicher Prozess der Abstimmung und gegenseitigen Einstimmung. Das gesellschaftliche Interesse determiniert nämlich nicht gleichsam automatisch das Handeln einer Person, die zu der in Frage stehenden Gruppe gehört. Ein Apotheker mag sich entscheiden, für eine Liberalisierung des Marktes einzutreten, und kalkulieren, er verfüge über ausreichende Ideen und Energien, auch unter solch einer Bedingung erfolgreich zu sein. Ein Konzernchef mag sich entscheiden, für einen Subventionsabbau zu stimmen, und kalkulieren, das Unternehmen auch dann noch profitabel zu leiten. Sie werden sich im Falle solch einer Entscheidung aber nicht bloß geschäftlichen Schwierigkeiten gegenüber sehen, sondern auch dem Unverständnis oder sogar der Feindseligkeit innerhalb ihresgleichen begegnen.

2:36

Ein gemeinsames Interesse übersetzt sich nicht umstandslos in Macht, in einen Einfluss auf den Staatsapparat. Jedes einzelne oder «partikulare» Interesse steht in einer gesellschaftlichen Konkurrenz zu anderen Einzelinteressen, die ihm zuwiderlaufen oder mit ihm um Ressourcen buhlen.
Bei dem Transfer eines Einzelinteresses in ein Interesse, das sich gesellschaftlich-politisch durchsetzen lässt, ist für die Vermarktung die zentrale Währungseinheit das, was Allgemeininteresse oder Gemeinwohl genannt wird. Das Einzel-, also Partikularinteresse muss in der Lage sein, sich als Gemeinwohl oder Allgemeininteresse zu definieren und

auszugeben, es muss also seinen Charakter eines Einzelinteresses vertuschen, negieren oder überwinden können. Erst wenn der Apotheker-Verband die Aufrechterhaltung des Exklusivrechts als Dienst an der allgemeinen Gesundheit zu etablieren vermag, vermag er gegenüber anderslautenden Interessen zu obsiegen. Bevor er zum Feind des Liberalismus *par excellence* wurde, beschrieb Bourdieu die für die Politik typische Umwandlung von Partikular- in Allgemeininteressen als ein «alchemistisches Kunststück», das wesentlich über «Kommissionen» laufe:[1] Stets geht es um eine Legitimationserzählung.

Aktuell hören wir eine an die russischen Bolschewiki unter Lenin gemahnende Gemeinwohl-Legitimationserzählung, beispielsweise an den Universitäten. Hier wird vermittels unbestimmter Wieselworte – etwa Vielfalt, Inklusivität und Gerechtigkeit – sowie vorgegebenen Diversitätszielen mit Quoten für BIPoC oder LGBTQIA+ die Individualität und der Gleichheitsgrundsatz der Aufklärung *ad absurdum* geführt; denn Klassifizierungen dieser Art stigmatisieren Täter und Opfer per kollektiver, zum Teil gar angeborener Merkmale, die mit dem jeweils infrage stehenden Thema nichts zu tun haben. Kleider machen Leute.

2:37

Die Notwendigkeit, das Einzelinteresse in das Gemeinwohl zu verwandeln, besteht unabhängig von der jeweiligen Staatsform; sie gilt in Diktaturen genauso wie in Demokratien. Was Diktatur von Demokratie unterscheidet, ist (**a**) das Verfahren, durch das der Ausgleich hergestellt wird: in einer Demokratie *formal* über Wahlen, in einer Diktatur

---

[1] Pierre Bourdieu, *Über den Staat: Vorlesungen am Collège de France 1989-92*, posthum 2012 ediert, Berlin 2017, S. 71. Siehe auch weiter hinten S. 90f. – Diese Einsicht gehört zu der wichtigsten in die Funktion der Demokratie.

informell über Beeinflussung der jeweiligen Machthaber; und (**b**) wie katastrophal eine Niederlage sich auswirkt, wenn man seine Interessen nicht durchzusetzen versteht: Sofern die Demokratie einen Rest an Minderheitenschutz bietet, bleibt den Unterlegenen weiterhin die Möglichkeit des Versuchs, ihre Interessen zu etablieren. In der Diktatur kann eine Niederlage im schlimmsten Fall zur physischen Auslöschung führen.

Allerdings sehen wir in hochentwickelten Demokratien mit weitgehenden Eingriffen der Staatsgewalt in das gesellschaftliche Leben, dass Auseinandersetzungen der Einzelinteressen immer verbissener werden und dass sich der Minderheitenschutz immer schwerer aufrecht erhalten lässt. In dem Maße, in welchem der politische Gegner mir Schaden zufügen kann und tatsächlich zufügt, wird man immer weniger bereit sein, dessen eventuellen Sieg in einer demokratischen Abstimmung zu akzeptieren. Selbst in der alten Demokratie der USA und in der scheinbar etablierten Demokratie Deutschlands kommt es zu gegenseitigen Vorwürfen der Wahlfälschung und zu gewaltsamen Szenen am Rande der Wahlen. Diese Verrohung ist systemisch bedingt und wird systemisch bedingt zunehmen.

2:38

Bei der Machtrationalität gilt es, im Unterschied zur Zweckrationalität, vor allem zweierlei zu bedenken:

1. Zum einen dürfen ökonomische oder soziale Kosten, das eigene Interesse durchzusetzen, für andere *bedeutende* Interessengruppen nicht zu hoch und zu offensichtlich erscheinen. Die Verlierer, also die Träger der Kosten und die Erleider der Nachteile, müssen aus schlecht organisierten oder gesellschaftlich stigmatisierten Gruppen bestehen. Andererseits ist es nötig, genügend große respektive reiche

Gruppen auszuwählen, auf dass es sich auch lohne, sie anzuzapfen. Nehmen wir etwa den militärisch-industriellen Komplex: Die Rüstungsindustrie mag ein Interesse haben an größeren Aufträgen. Aber sobald die Mittel hierfür aus dem Bereich der Sozialausgaben abgezogen werden, hat sie die gesamte Verteilungsbürokratie gegen sich – und eine sozial orientierte Öffentlichkeit dazu. Sie braucht, um sich durchzusetzen, das Bedrohungsszenario eines Kriegs, der die Patrioten geneigt macht, die Mittel bereit zu stellen; Verlierer wären dann die bösen unsolidarischen Feinde des Vaterlandes. Wenn sie dagegen, um ein satirisches Beispiel zu nennen, darauf setzt, die Kaninchenzüchter-Vereine zu enteignen (vielleicht gelingt es ihnen sogar, die Ökologie-Verbände oder «Fridays for Future» als Bündnispartner zu rekrutieren), könnte sich herausstellen, dass nicht mehr als eine magere Summe herausspringt, mit der sich kein Mega-High-Tech-Fighter finanzieren lässt.

2:39

2. Zum anderen dürfen die Konsequenzen der Umsetzung des Interesses nicht den Bestand des Staats objektiv gefährden. Wenn die Rüstungsindustrie, um den Konflikt mit der Verteilungsbürokratie der Sozialausgaben ebenso wie mit den Kaninchenzüchtern zu vermeiden, die zusätzlichen Mittel durch neue Staatsschulden zu finanzieren gedenkt, könnte es sein, dass die ökonomische Konsequenz das ganze Gemeinwesen ins Wanken bringt. Viele der sogenannten «failed states» entstehen auf genau diese Weise: Spezielle Interessengruppen haben sich politisch etabliert und agieren ohne Rücksicht auf objektive ökonomisch-gesellschaftliche Notwendigkeiten. Es ergibt sich nun eine Abwärtsspirale: Bei knapper werdenden Mitteln steigt der Druck zu verschärfter Steuerausbeutung sowie dazu, dass man zusätzliche Staatsschulden macht, was wiederum die Wirtschaftskraft senkt und sodann aufs Neue den Druck steigert, bis nichts mehr zu holen ist, selbst für die herrschende Klasse nicht mehr. Oder das Bedrohungspotenzial gleitet den Politmanagern aus den Händen und eskaliert zu einem Krieg, welcher nicht zu gewinnen ist. Man denke an Frank Zappas satirisch gemeinte Bezeichnung der Politik als Unterhaltungs-Abteilung des militärisch-industriellen Komplexes: Aus der Grusel-Show wird bitterer Ernst.

2:40

Ein prägender – meist negativ konnotierter – Einfluss von Interessengruppen auf die staatliche Politik ist so augenfällig, dass ihn meines Wissens keiner in Frage stellt. Bei der Wertung werden allerdings üblicherweise drei Fehler begangen.

1. Die Kritik am Einfluss der Interessengruppen – auch als Lobbyismus bezeichnet – äußert sich selektiv und richtet sich gegen Interessen, die aus der Sicht des Wertenden abzulehnen seien. So betreiben die Vertreter der Arbeitgeber Lobbyismus, Gewerkschaften aber leisten zu honorierende Arbeit. Der militärisch-industrielle Komplex genießt einen schlechten Ruf, die Verteilungsbürokratie des Sozialstaats und die ihr zuarbeitenden (schein-) privaten Unternehmen bleiben von grundsätzlicher Kritik weitgehend verschont. Pharmaindustrie und Ärztelobby sind übler beleumundet als die (gesetzlichen) Krankenkassen. Den NGOs, zivilgesellschaftlichen Vereinigungen sowie der orchestrierten Mobilisierung von Kindern zur freitäglichen Klimarettung eignet der Ruf uneigennütziger Heiligkeit, im Gegensatz etwa zur Autoindustrie (mit deren Produkten die Kinder zu den Demonstrationen gekarrt werden), oder zu den nach Subventionen rufenden Bauernverbänden.

2. Egal welche Interessen- bzw. Lobbygruppen im Fokus der Abwertung stehen, die Kritiker entwerfen den idealen Staat, der frei vom Einfluss der jeweils indizierten Gruppen agieren kann, um das Gemeinwohl zu befördern. Den Staat macht diese Sicht der Dinge als das Opfer der Interessengruppen aus: er befinde sich in deren Geiselhaft, aus der er befreit werden müsse (durch Volksabstimmungen, durch Enteignungen, durch Verbot von Lobbyismus oder durch Kampf gegen Korruption, durch Abschaffung der Parteien und was sonst so an Vorschlägen unterbreitet wird). Diese Sicht der Dinge übersieht, dass der Staat die Ursache des Agierens der Interessengruppen ist: Ihr Interesse richtet sich darauf, dass der Staat etwas tun solle, was ihnen nützt, oder unterlassen, was ihnen schadet. Hätte der Staat keine Macht, ihnen entweder zu nutzen oder zu schaden, entfiele die Notwendigkeit zum Lobbyismus. Das Gemeinwohl ist ein Konstrukt, das außerhalb des Machtkampfs der Interessengruppen um die Schalthebel der Staatsgewalt keinen Bestand hätte. Ein sinnvoller Begriff des Gemeinwohls ergäbe sich nur, falls alle ohne Einwände das gleiche Interesse teilen, also kein Streit über Definitionsmacht und Deutungshoheit bezüglich des Gemeinwohls stattfindet. Sobald über das, was als das Gemeinwohl gelte solle, eine Debatte entsteht, stellt sich die Machtfrage, einer welchen speziellen Auffassung zu folgen sei. Dies stimmt übrigens mit Rousseaus Aussagen im «Gesellschaftsvertrag» überein: Das Gemeinwohl folge als kleinster Nenner aus dem Für und Wider in der Gesellschaft (die berechtigte Frage lautet, ob dieser kleinste Nenner überhaupt mehr als Null beinhalten könne); existierten jedoch Interessengruppen, höre die Republik auf zu bestehen.[1]

---

[1] Vergleiche zur Quellenangabe weiter hinten S. 96, Fn. 1.

3. Die vulgär-marxistische Interpretation (die sich weitgehend durchgesetzt hat) lautet: Die privaten Interessengruppen der mächtigen herrschenden Klassen würden sich einen Staat schaffen, der ihren Interessen nutze. Der Staat sei das Ergebnis, nicht der Ursprung der Klassenteilung.[1] Die Behauptung, die Klassenteilung sei der Ursprung (und nicht die Folge) des Staats, kann freilich nicht erklären, wie es möglich ist, dass in einer Situation ohne Herrschaft Klassen sich bilden, die zum Nachteil Anderer agieren – denn dazu benötigen sie entweder die Zustimmung der Anderen (dann liegt keine Herrschaft vor) oder sie müssen diese mit organisierter Gewalt zur Kooperation zwingen und damit ist dann der Tatbestand einer Staatsgewalt erfüllt.

2:41

Jede Legitimierung der Staatsgewalt durch die Angabe von Wohltaten, die sie angeblich zu bieten habe, scheitert daran, dass der, der tatsächliche Wohltaten verteilen will, hierfür keine Gewalt einzusetzen braucht. Freilich ist es bei der Komplexität der Steuererhebung, der Differenzierung von Subventionen, der Vielzahl der staatlich kostenlos oder zu einem politischen (statt zu einem marktmäßigen) Preis angebotenen Leistungen und der schier unübersehbaren rechtlichen Regelungen wirtschaftlicher, privater sowie gesellschaftlicher Handlungen heute kaum noch möglich, eine genaue Linie zu ziehen zwischen denen, die von der Staatstätigkeit profitieren, und denen, die draufzahlen oder auf andere Weise verlieren. Aus Wissen wird die reine Vermutung: Die Vermutung aber, von der Staatsgewalt zu profitieren, ist der Trigger des Systems.

---

[1] Ausführlicher dazu S. 85-90 sowie die elf Thesen gegen Engels S. 93f.

Heute ist Widerstand nicht mehr wie früher ein klares «wir (hier unten)» gegen «die (dort oben)». Um Widerstand zu leisten und zu organisieren, bedarf es der Einsicht, dass der zunehmende Einfluss der Staatsgewalt auf das gesamte wirtschaftliche, soziale und private Leben Wohlstand vernichtet, Lebensfreude abwürgt und die kreative Kraft zur Lösung gesellschaftlicher Probleme so weit reduziert, dass sie unlösbar zu werden drohen. Das Milieu des Protestes, das Amlinger und Nachtwey beschreiben, ist dabei, dies zu realisieren: Es ist auf dem Weg dahin, anti-autoritär, mithin *libertär* zu werden.

3:1

Carolin Amlinger und Oliver Nachtwey verwenden das Adjektiv «libertär» für das durch sie beschriebene Milieu des Protests gegen Freiheitseinschränkungen. Wenn wir ihnen nicht unterstellen, sie hätten diesen Begriff ausgewürfelt, müssen wir davon ausgehen, dass sie sich hierbei etwas dachten. Offenbar entschieden sie sich bewusst dagegen, dies Milieu mit den üblichen Worten wie rechts, Neue Rechte oder Querdenker zu belegen. Im Vorangegangenen stellte ich dar, inwiefern die Autoren die Bezeichnung als rechts im Sinne von Orientierung an Führerprinzip und Nationalismus für unzutreffend halten; dies begründen sie ausführlich. Ihre Entscheidung, das Adjektiv libertär *pars pro toto* zu verwenden, begründen sie nicht; *pars pro toto*, weil ein Teil des von ihnen beschriebenen Milieus sich sicherlich selber libertär nennt, anderen Teilen aber der Begriff unbekannt ist oder sie ihn sogar ablehnen.

3:2

Der Libertarismus ist eine Denkrichtung mit vielerlei Ansätzen und Autoren; freilich kommt überhaupt nur einer dieser Denker im Buch vor. Dies entspricht der Strategie der Autoren, Positionen innerhalb des Protestmilieus als diskursunfähig und -unwürdig abzustempeln. Eine inhaltliche Auseinandersetzung findet nicht statt; an deren Stelle tritt eine psychologisierende Analyse des Milieus.
Der einzige explizit libertäre Denker, auf den in dem Buch «Gekränkte Freiheit» negativ eingegangen wird, ist Robert Nozick. Robert Nozick spielt freilich, soweit ich es sehe, keine große Rolle in diesem Milieu, in Deutschland noch nie, aber auch nicht mehr in den USA oder anderswo. Dies

sagt wohlgemerkt nichts darüber aus, ob seine Theorie als diskussionswürdig und diskussionsfähig zu gelten hat; jedoch erscheint es mir merkwürdig, dass er herangezogen wird, um mit ihm den Geist des Milieus zu beschreiben. Vor allem war er jemand, der zwar einerseits den libertären Grundsatz des Freiheitsrechts der Menschen auf eine selbstgeschaffene und selbstbestimmte Sozialität verfocht, andererseits richtete sich sein einzig explizit libertäres Buch «Anarchie, Staat und Utopie» (1974) aber gegen solche radikal libertären Ansätze, die für möglich halten, dass die menschliche Gesellschaft ganz ohne Staatsgewalt auskommt. Diese radikalen Ansätze wollte Nozick widerlegen und lieferte hierzu eine Legitimation der staatlichen Herrschaft.[1] Insofern ist er ein geradezu untypisches Beispiel für libertäres Denken, markiert allerdings vermutlich die äußerste Position, die Amlinger und Nachtwey überhaupt in der Lage sind, zu rezipieren. Da also Libertäre in ihrem Buch nicht vorkommen, könnte man als Libertärer das Buch beruhigt zusammenklappen und seufzen: «Wie gut, ich bin nicht gemeint.» Doch ist es so einfach nicht.

Das Adjektiv *libertär* ist seit Mitte des 19. Jahrhunderts in Europa im Gebrauch bei Anarchisten, Kommunisten und Sozialisten, die sich mit ihm von autoritären (staats-) kommunistischen und (staats-) sozialistischen Richtungen abgrenzten sowie von Terroristen, die mitunter ebenfalls den Begriff Anarchismus für sich nutzten. In den USA erhielt der Begriff im sozialrevolutionären Milieu Einzug durch französische Emigranten. Seit dem beginnenden 20. Jahrhundert verwandten radikale Liberale in der Tradition von

---

1 Nozick wird im Kontext der libertären Staatstheorie diskutiert in: Stefan Blankertz, *Einladung zur Freiheit: Werkbuch libertäre Theorie und Praxis*, Berlin 2020, S. 28-34. – Wichtig festzuhalten ist hier nur, dass Nozick weder ein typisch noch ein konsequent libertärer Denker war.

Thomas Jefferson den Begriff, für die Liberalismus zu sehr mit dem Akzeptieren des Zentralstaats verbunden war.[1] Mitte der 1960er Jahre begründete Murray Rothbard die moderne Bewegung des Libertarianism – eingedeutscht Libertarismus. Aus der alten amerikanischen Rechten (die anders als die europäische Rechte anti-autoritär und anti-militaristisch war) kommend, entschied Rothbard sich bewusst für einen eher links konnotierten Begriff: Sein Projekt bestand darin, die alte amerikanische Rechte – im politischen Establishment mittlerweile durch eine neue, staatsverliebte Rechte ersetzt – mit den Teilen der Neuen Linken zu verbinden, die dem Trend zu Staatssozialismus und Staatskommunismus entgegentraten. Der Inhalt des anti-autoritären libertären Bündnisses war genau das, was Amlinger und Nachtwey als Haltung des Protestmilieus beschreiben: Widerstand gegen Überwältigung und Bevormundung durch staatliche und staatsnahe Strukturen.

3:3

Ihre Ablehnung des libertären Gedankens fassen Amlinger und Nachtwey auf die folgende Art und Weise zusammen:

AMLINGER & NACHTWEY: «Bei Nozick begegnet uns ein atomares, gleichzeitig unbeschränktes Individuum, das auf (fast) nichts und niemand Rücksicht nimmt außer auf sich selbst.»[2]

Beispielhaft zitieren Amlinger und Nachtwey eine Aussage Nozicks, die sie sowohl als typisch erachten für das Milieu

---

[1] Zur Begriffs-, Ideen- und Sozialgeschichte vgl. ebd., S. 205-234. Zu der des Anarchismus vgl. Stefan Blankertz, *Nur ein altmodisches Liebeslied? Glanz und Elend des klassischen Anarchismus*, Berlin 2023.

[2] Amlinger & Nachtwey, S. 89. Eine Unterstellung, die sie nicht begründen.

des Protests wie auch als eine Zumutung für die Idee der demokratischen Zivilgesellschaft:

NOZICK: «Friedliche Menschen, die sich nur um ihre Angelegenheiten kümmern, verletzen keine Rechte anderer.»[1]

Konsequent lehnen es die beiden Autoren ab, zwischen erzwungener und freiwilliger Gesellschaft zu unterscheiden. Sie können sich eine Gesellschaft nicht anders vorstellen, als dass sie durch (Staats-) Gewalt erzwungen wird. Nozick zählt auch bekannte Sozialisten und Kommunisten unter den Menschen auf, für die er sich wünscht, dass sie frei sein mögen, ihre eigenen Gemeinschaften nach den von ihnen gewählten Regeln zu organisieren. Einzige Bedingung für die Umsetzung jeglicher Idee sei, dass die Umsetzung nur Personen betrifft, die der Idee freiwillig zustimmen. Will man Sozialisten, Kommunisten, Kapitalisten, Faschisten, religiöse Bekenntnisse usw. etwa berechtigen, ihre Ideen den Mitmenschen mit (Staats-) Gewalt aufzunötigen? Sind friedliche Menschen, die Nozick ersehnt, unfähig, eine Gemeinschaft zu bilden, bleiben sie «atomar»? Ich überlege, inwiefern friedliche Menschen dazu tendieren könnten, rücksichtslos zu sein. Denn Rücksichtslosigkeit ist der Vorwurf, den die Autoren dem «unbeschränkten Individuum» im Sinne Nozicks machen. Wenigstens müssten sie zugeben, dass dieses «unbeschränkte Individuum», soweit es friedlich ist, Rücksicht nimmt auf Mitmenschen, die andre Ansichten, andre Ideen, andre Lebensgewohnheiten, andre

---

1 Amlinger und Nachtwey, S. 89. Zitat aus Robert Nozick, *Anarchie Staat Utopia*, München 1974, S. 60. Im Original *Anarchy, State, and Utopia*, New York 1974, S. 52: «Peaceful individuals minding their own business are not violating the rights of others.»

Religionen haben, indem es sie in Ruhe ihrer Wege ziehen lässt. Friedliche Menschen sind das Gegenteil eines «unbeschränkten Individuums»; sie beschränken sich absolut auf das, was sie mit freiwilliger Kooperation zu erreichen in der Lage sind.

Die Koppelung dieses friedlichen (libertären) Menschen mit einem autoritären Charakter, die die Autoren als ihr zentrales Anliegen vornehmen, stellt einen rhetorischen Trick dar. Der friedliche Mensch sei, so sollen die Leser schließen, autoritär, gesellschaftsschädlich, rücksichtslos, er stifte Unfrieden und Unfreiheit. Aber was wäre dann der von den Autoren empfohlene Charakter? Könnte denn von einem unfriedlichen Menschen erwartet werden, dass er voll Rücksicht gegenüber den Mitmenschen ist, dass er den besten Kumpel aller Zeiten gibt und dass er sich wundervoll harmonisch in die meinetwegen auch demokratische Gemeinschaft fügt?

3:4

Natürlich bekennt niemand sich zu Unfrieden als sozial angestrebtem Zustand oder Gewalttätigkeit als erwünschtem Charakter. Stattdessen wird verklausuliert.

AMLINGER & NACHTWEY: Der «moderne Staat», gegen den die libertären Autoritären den Autoren zufolge ihren Zorn richten, sei «kein Klassenstaat bismarckscher Prägung mehr», sondern «ein Instrument zur Durchsetzung sozialer Fortschritte».[1]

---

1 Amlinger und Nachtwey, S. 342. Die These, die Marx'sche Staatskritik sei überholt, weil der böse Klassen- sich in einen guten Sozialstaat gewandelt habe, scheitert schon daran, dass der Sozialstaat ein Instrument Bismarcks im Klassenkampf von oben war; vergleiche weiter vorn S. 26f.

Ein Klassenstaat wäre demgemäß schlecht. Inwiefern ein Staat überhaupt ein Nichtklassenstaat sein könne, lassen wir einmal dahin gestellt; jedenfalls dürfen die Autoren eine solche Möglichkeit nicht aus den Theorien von Karl Marx oder Theodor W. Adorno ableiten, auf die sie sich vor allem stützen. Aber sei's drum; sie behaupten einfach, der «moderne Staat» (also muss die Moderne *nach* Bismarck begonnen haben; auch eine bemerkenswerte historische Verortung) sei kein Klassenstaat (mehr). Statt die Interessen einer Klasse setzt er, wenn wir den Autoren weiter folgen, nun soziale Fortschritte durch.
Soziale Fortschritte, das hört sich gut an. Wer kann gegen sozialen Fortschritt sein? Doch konfrontieren wir diese Feststellung mit der von den Autoren ausgedrückten Missbilligung des Nozickschen friedlichen Menschen. Der soziale Fortschritt, der mit Staatsgewalt durchgesetzt wird, kann sich nur gegen die friedlichen Menschen richten, die andere Ideen vertreten als die, die gerade von der Staatsgewalt als sozialer Fortschritt definiert werden. Es handelt sich ergo um gesellschaftliche Entwicklungen, die nicht mit Freiwilligkeit kompatibel sind, sondern Gewalt benötigen, um gegen Widerstand durchsetzbar zu sein. Schöne neue Welt. Volle Kraft voraus und zurück zu 1984.

3:5

Die psychologische Figur, die Amlinger und Nachtwey gegen das aktuelle Protestmilieu richten, ist die der gekränkten Freiheit. Die Freiheit habe derart zugenommen, behaupten sie, dass auf ihre Autonomie pochende Individuen sich tödlich gekränkt fühlen von geringfügigsten Einschränkungen der Freiheit, die in den bestehenden (westlichen?) Demokratien noch oder wieder nötig seien, um die Freiheit eines jeden, die öffentliche Sicherheit und den Wohlstand für alle aufrecht zu erhalten. Die Individuen, die keine Einsicht in die Notwendigkeit dieser Freiheitseinschränkungen haben, rebellieren. Sie lehnen sich auf gegen diese Kränkung ihrer Autonomie. Nur mit sich selbst identifiziert, werden sie autoritär in dem Sinne, dass sie außer sich selbst nichts und niemanden gelten lassen. – Ich habe im Einzelnen aufgezeigt, wie die Autoren sich bei der Analyse in Eigenwidersprüche verwickeln und an welchen Punkten sie faktische Fehler machen. So möchte ich nun Gleiches mit Gleichem vergelten und den psychologischen Mechanismus untersuchen, dem die Autoren erliegen.

3:6

Antiherrschaftlichen Widerstand hat es gegeben, seit die ersten Staaten aus Räuberbanden hervorgegangen sind, die an die Stelle sporadischer Überfälle die Regelmäßigkeit von Steuerzahlungen setzten (anfangs meist «Tribut» genannt). Über Jahrtausende war Widerstand ein Impuls, der in der Natur der Ur-Anarchie wurzelte. Alle Theorie ging von den Räubern aus, die sich ein intellektuelles Kleid der Legitimation schneidern ließen. Gegen die Erfahrung behauptete diese Theorie, Herrschaft sei zum einen *natürlich* und zum anderen auch *notwendig*, um eine Form des gedeihlichen Zusammenlebens zu garantieren. Geglaubt wurde diese Ideologie selten und so richtig wichtig war sie nicht grade, denn die Herrschaft gründete sich weitgehend auf schiere Gewalt. Die Banden (Staaten) fochten ihre Kämpfe (Kriege) ziemlich unverblümt um territoriale und ökonomische Ansprüche aus; was die betroffenen Völker davon hielten und wie sie davon in Mitleidenschaft gezogen wurden, war eher zweitrangig. Dies änderte sich mit der europäischen Neuzeit, in der es zu drei Kränkungen der Herrschaft kommt.

1. Die erste Kränkung der Herrschaft war die Aufklärung. Bereits in der Reformation, die das europäische Mittelalter von der Neuzeit scheidet, fing es an, dass der Glaube der Untertanen eine Bedeutung für die Herrschaft und deren Legitimation erhielt. Idealtypisch gab der jeweilige Fürst den Glauben vor, erwartete von den Beherrschten allerdings, dass sie ihm beipflichten. Was jedoch geschah, wenn die Beherrschten oder Teile der Beherrschten vom Glauben abfielen und einen anderen Glauben annahmen? Erzürnt setzte der Fürst Gewalt ein, um Irrgläubige auf seine Linie zu bringen. Doch sah er sich schnell konfrontiert damit, dass von einer gewissen Zahl Abtrünniger an seine Gewaltmittel nicht mehr hinreichten. Intellektuelle Legitimation des Glaubens und machtlogische Kalkulation, dass sie von den Beherrschten auch angenommen werde, rückten in den Mittelpunkt der Herrschaftsausübung. Aber wenn die Beherrschten ihre Zustimmung geben sollen, dann müssen sie frei sein, für sich eine Entscheidung zu treffen; denn wo sie der bloßen Gewalt gehorchen, weiß man nie, ob sie zustimmen oder nur vorübergehend so lange stillhalten, bis sie sich in der Position wiederfinden, in der sie gegen die herrschende Gewalt zu obsiegen vermögen. Der aufklärerische Impuls folgt aus der Reformation, ersetzt dann aber folgerichtig Glauben durch rationale Argumentation. Der Ausgangspunkt ist nun nicht mehr die unverbrüchlich legitime Herrschaft; an deren Stelle tritt die Entscheidung souveräner, freier Bürger, die über Form und personelle Ausstaffierung der Herrschaft befinden. Die Herrschenden versetzt dies in die missliche Position, dass sie sich vor den Beherrschten rechtfertigen müssen. Wer ist nun der Herrschende und wer der Beherrschte? Die Herrschenden räumten freilich nicht sang und klanglos das Feld. Es begann das Zeitalter der Machtkämpfe. Auf der einen Seite stand der revolutionäre Anspruch der Aufklärung, auf der anderen Seite der restaurative Anspruch der Herrschaft. Der politische Ausdruck der Aufklärung war der Liberalismus, der in einigen Ländern Erstaunliches leistete. Allerdings vertauschten im Laufe der revolutionären Kämpfe die miteinander im Widerstreit liegenden Positionen teilweise ihre Funktion. Besonders während und nach der Französischen Revolution schlug die revolutionäre Gewalt um in weitere, bis dahin unbekannte Formen der Herrschaft; die restaurativen Kräfte bremsten nun bestimmte Auswüchse der herrschaftlichen Gewalt. Das Prinzip der Herrschaft, das die Gesellschaft per Gewalt strukturiert, gewann wieder Oberhand: Keine der beiden Positionen zog weiterhin Herrschaft an sich in Zweifel.

3:8

2. Die sozialistischen Bewegungen des 19. Jahrhunderts, vornehmlich Anarchismus und Marxismus, erneuerten die Kränkung der Herrschaft. Pointierter noch als Aufklärung und Liberalismus argumentierten die Anarchisten (wie Pierre-Joseph Proudhon, Michael Bakunin etc.) und Karl Marx, dass eine jede Herrschaft falsch und unsozial sei. Sowohl in der sozialdemokratisch-reformistischen als auch in der kommunistisch-revolutionären Variante fungierte der Marxismus auf der Ebene der realen Wirkung jedoch als ein Verstärker der Staatsgewalt. Freilich: Die Kränkung bestand im marxistischen Fazit, der Staat diene Klassen- mithin Partikularinteressen und nicht, wie die Ideologie damals (und heute wieder) sagt(e), dem ganzen und ungeteilten Volk. Zu diesem Zeitpunkt hatten die Liberalen sich bis auf eine Handvoll Außenseiter ganz und gar auf die Seite der Herrschaft gestellt. Für einen kurzen Moment der

Geschichte, rund ein halbes Jahrhundert, vermochte es der Anarchismus, darzustellen, dass Gewalt als strukturierendes Prinzip der Gesellschaft überwunden werden kann. Er unterlag der Gewalt der Marxisten in Russland und der Faschisten in Italien und Spanien. Dass der Marxismus aus Herrschaftskritik in die Legitimation der Herrschaft umschlug, ist eine grausame Dialektik der Aufklärung, vergleichbar etwa mit dem Umschlag des Christentums von einer gewaltfreien Utopie zur Ideologie von Eroberung. Obwohl der Marxismus-Leninismus in seiner Form, wie er sich nach der Russischen Revolution herausgebildet hatte, inzwischen weitgehend der Vergangenheit angehört, lebt der Marxismus als Herrschaftslegitimation fort, wie auch das Buch von Amlinger und Nachtwey beweist. Die beiden Autoren gehen ungeniert davon aus, es sei marxistisch, dem Staat die gewaltsame Durchsetzung des sozialen Fortschritts zuzutrauen und anzuvertrauen. Es fällt genauso schwer, dafür Belegstellen bei Marx zu finden wie bei Jesus für die Aufforderung, Andersgläubige per Schwert zu einer Übernahme des Christentums zu zwingen. Die UdSSR ging unter und die VR China wandelte sich evolutionär; dagegen wurde in der westlichen Welt, die einst als der Gegenpol zum (Staats-) Kommunismus galt, eine Form der Staatsgewalt mit der Anmaßung etablierte, alle Lebensbereiche zu beherrschen, eine Anmaßung, die teils noch über das hinaus weist, was im (Staats-) Kommunismus Alltag war.

3:9

Fortan fühlten die Herrschenden sich sicher – sie waren nämlich (wie sie meinten) imstande, jede Kritik dadurch zu vereinnahmen, indem sie die Kritiker an der Herrschaft beteiligten und ihnen versprachen, dass ihre Ideen und Ziele mit Hilfe der Staatsgewalt schneller & leichter durchzusetzen seien als mit freiwilliger Kooperation. Doch diese Strategie der Vereinnahmung von Kritik fordert auch einen hohen Preis. Die «Rückkehr des intervenierenden Staats», wie Amlinger und Nachtwey ganz richtig diagnostizieren, führt nicht nur zu einer Strangulierung der Freiheit des Individuums und der freiwilligen Gemeinschaft, sondern – über die Diagnose von Amlinger und Nachtwey hinaus – auch zu gravierenden sozialen, wirtschaftlichen und ökologischen Problemen, wie sie von Systemen zu erwarten sind, die auf zentraler bürokratischer und technokratischer Planung basieren. Streng genommen diagnostizieren sie die Einschränkung der Freiheit nicht selber, zitieren vielmehr Herbert Marcuse:

MARCUSE: «Die Gesellschaft hat nicht die individuelle Freiheit erweitert, sondern ihre Kontrolle über das Individuum.»[1]

Sowie Theodor W. Adorno:

ADORNO: «Aber die Einsicht in die steigende Abhängigkeit wird ungemildert nur schwer ertragen. Gäben die Menschen sie offen zu, so könnten sie einen Zustand kaum länger aushalten, den zu ändern sie doch weder die objektive Möglichkeit sehen noch die psychische Kraft in sich fühlen.»[2]

---

1 Zitiert bei Amlinger und Nachtwey, S. 173. Aus: Herbert Marcuse, *Kultur und Gesellschaft* II, Frankfurt/M. 1965, S. 102. (Der zitierte Text stammt aus dem Jahr 1963. Zitat im Original überprüft.)
2 Zitiert bei Amlinger und Nachtwey, S. 348. Aus: Theodor W. Adorno, *Soziologische Schriften* I, Frankfurt/M. 1972, S. 172. (Der zitierte Text stammt aus dem Jahr 1962. Zitat im Original überprüft.)

Die Aussagen in beiden Zitaten waren meines Erachtens kritisch gemeint, riefen dazu auf, die Zustände zu ändern (also sich genau so zu verhalten, wie es das Protestmilieu tut); während Amlinger und Nachtwey wohl denken, man solle sich in das objektiv gegebene und auch notwendige Schicksal der gesellschaftlichen Kontrolle möglichst nahtlos einfügen.

Ein Hinweis auf eine weitere Quelle für die Diagnose einer zunehmenden – nicht abnehmenden – gesellschaftlichen Kontrolle. Laut einer Notiz Gilles Deleuzes von 1990

DELEUZE: sind «die Kontrollgesellschaften dabei, die Disziplinargesellschaften abzulösen». Es geht um die die Etablierung von «ultra-schnellen Kontrollformen mit» – Amlinger und Nachtwey aufgepasst! — «freiheitlichem Aussehen»; «permanente Weiterbildung» löst «tendenziell die Schule ab, und die kontinuierliche Kontrolle das Examen».[1]

3:10

3. In dieser Situation der *de facto* ausgeweiteten Kontrolle der Gesellschaft (der Staatsgewalt) über das Individuum entstand die neue, die dritte Kränkung der Herrschaft: die libertäre Revolte gegen den modernen Staat. Über einige Jahrzehnte versuchte die intellektuelle Garde der Herrschenden, die Herausforderung durch die Libertären mehr oder weniger wegzuignorieren. Das Buch von Amlinger und Nachtwey beweist, dass es mit Ignorieren nicht mehr getan ist. Soweit der Ansatz der Autoren sich im Umgang

---

[1] Gilles Deleuze, *Unterhandlungen*, Frankfurt/M. 2017, S. 255, S. 257. Es sei nicht verschwiegen, dass Deleuze seine Anmerkungen mit den sattsam bekannten Invektiven gegen Kapitalismus und Liberalismus versieht, was seine Urteilskraft, nicht aber seine Prophezeiung in Frage stellt.

mit libertärem Gedankengut durchsetzt, werden wir damit konfrontiert sein, dass man uns psychologisiert, anstatt mit uns zu diskutieren. Die Diskursverweigerung, die sich in dem Buch ausdrückt, ist gemeint als Demütigung: Ihr seid es nicht wert, dass wir uns mit euren Argumenten auseinander setzen. Falls der libertäre Protest in den nächsten Jahren zusammenbrechen sollte, behalten die Autoren Recht. Aber es wird anders kommen: Der Protest wird schärfer werden. Und dann haben die Diskursverweigerer schlechte Karten. Sie wissen nämlich nicht, was die Grundlagen des libertären Denkens sind. Sie stehen vor ihm wie der Ochs vorm neuen Tor. Was geschieht, können sie nicht mehr verstehen, geschweige denn aufhalten.

Nicht das Individuum, dem Amlinger und Nachtwey unterstellen, autoritär zu sein, ist gekränkt durch minimale Freiheitseinschränkungen. Es verhält sich genau umgekehrt: Die Politik, die das Leben der Menschen mit Gewalt überzieht, sieht sich gekränkt angesichts von Kritik, die erst eine Minderheit äußert. Der Keim der Kritik drückt wie die sprichwörtliche Erbse. Lassen wir viele und große Erbsen sprießen, sodass die Herrschenden es sich nicht weiter gemütlich machen können.

3:11

Aber noch einmal zurück zur Begriffsbildung des libertären Autoritarismus. Die Frage lautet nämlich, ob hinter ihr mehr als nur ein rhetorischer Move steckt, um politische Gegner zu diskreditieren: ob es eine theoretische Grundlage gibt, auf welcher der Begriff Sinn macht. Inwiefern ist die Delegitimierung des Staats als *autoritär* im Sinne von Amlinger und Nachtwey klassifizierbar?

Um dies begreiflich zu machen, gehe ich von zwei Denkern aus, zwischen denen ungefähr hundert Jahre Geschichte liegen und die eine nur undeutliche ideengeschichtliche Verbindung untereinander haben, wenn überhaupt eine: Friedrich Engels und Pierre Bourdieu. Engels stand an der Schwelle zum 20., Bourdieu der zum 21. Jahrhundert und sie prägen die sozialwissenschaftliche Theorie, obwohl ihre Namen kaum noch fallen.

3:12

Friedrich Engels entwickelte – ganz im Gegensatz zu seinem Freund Karl Marx – die Erzählung, die Herrschaft nehme ihren Ausgangspunkt im Tausch, aus welchem Reiche und Arme hervorgehen. Die Reichen schaffen sich, um ihren Schutz zu organisieren, den Staat. Es bleibt festzuhalten, dass Engels die Quelle der Herrschaft außerhalb und vor dem Staat sah: Der Staat sei ein sekundäres Phänomen. Mein marxistischer Doktorvater, der Ethnologe Christian Sigrist, nannte dies die Erzählung eines Besoffenen, der schon die zu seiner Zeit gesicherten ethnologischen, geschichtlichen und ökonomischen Erkenntnisse außer Acht gelassen habe. Engels, das war Ende des 19. Jahrhunderts. Doch seine Erzählung wurde im Marxismus dogmatisiert: Herrschaft sei ein gesellschaftliches Verhältnis, das außerhalb der Sphäre des Staats entstehe und fortbestehe. Die Frage laute vielmehr, ob der Staat der Herrschaft diene oder ihr widerstehe. Für dieses historische Stadium gilt also: Engels formulierte die Utopie, der Staat solle anstatt den Reichen zu dienen, deren Einfluss begrenzen und den Armen zu ihrem Recht verhelfen. Wahrlich, das ist ein ganz und gar utopischer Sozialismus; aber genau der, der heute noch in vorwissenschaftlicher Weise als «marxistisch» gilt. Wenn er eine Möglichkeit darstellen würde, dann wären die Kritiker des Staats *autoritär*, weil sie die außerstaatlich begründete Oligarchie ungezügelt walten ließen.

Herausfinden zu wollen, ob Staat oder Oligarchie (in welch einer Form auch immer) zuerst da waren, als die Frage nach «Henne-und-Ei» abzutun, lenkt von dem entscheidenden Punkt ab: Kann der Staat genutzt werden, um die Oligarchie zu *bekämpfen*? Sowohl Rechte als auch Linke bejahen diese Frage und verbinden sie mit der Aufforderung, je nach Situation ihre Partei zu wählen oder ihren Anführer beim Staatsstreich zu unterstützen.

Die von Friedrich Engels formulierte Analyse besagt: Die durch landwirtschaftliche Produktion und frühe Formen der Marktwirtschaft hervorgebrachte Ungleichheit habe für die besitzende Klasse den Staat zu dem eigenen Schutz zwingend erforderlich gemacht.

ENGELS: «Der aufgekommene Privatbesitz an Herden und Luxusgerät führte zum Austausch zwischen einzelnen, zur Verwandlung der Produkte in *Waren*. Und hier liegt der Keim der ganzen folgenden Umwälzung. [...] Mit der Warenproduktion kam die Bebauung des Bodens durch einzelne für eigne Rechnung, damit bald das Grundeigentum einzelner. Es kam ferner das Geld, die allgemeine Ware, gegen die alle andern austauschbar waren. [...] Kurz, mit der Gentilverfassung ging es zu Ende. Die Gesellschaft wuchs täglich mehr aus ihr heraus; [...]. Aber der Staat hatte sich inzwischen im Stillen [!] entwickelt. Die neuen, durch die Teilung der Arbeit zuerst zwischen Stadt und Land, dann zwischen den verschiedenen städtischen Arbeitszweigen geschaffnen Gruppen hatten neue Organe geschaffen zur Wahrnehmung ihrer Interessen; Ämter aller Art waren eingerichtet worden. Und dann brauchte der junge Staat vor allem eine eigne Macht, die bei den seefahrenden Athenern zunächst nur eine Seemacht sein konnte, zu einzelnen kleinen Kriegen und zum Schutz der Handelsschiffe.»[1]

Dies ist der Hintergrund, auf dem Sigrist *mit* Marx *gegen* Engels argumentiert:

SIGRIST: «Meine Theorie [wendet sich] gegen die Verharmlosung [!] der Herrschaftsproblematik als eines Oberflächenphänomens. [...] Die Bedeutung von Herrschaftsverhältnissen für die gesellschaftliche Evolution, für die Ausbildung von Klassengesellschaften und ihre perennierende gesellschaftliche Funktion hat Marx [...] formuliert. [...] Um so auffälliger ist der Abfall in den Ökonomismus, den wir in Engels' ‹Anti-Dühring› feststellen [...]: ‹Gewalt spielt [beim Entstehen der Klassengesellschaft] gar keine Rolle.›[2] [...] In mechanistischer Weise [sieht Engels] das Verhältnis von Ökonomie und Politik als determiniert.»[3]

Aber Sigrist widerlegt auch das «bürgerliche» Gegenstück zu dem von Engels formulierten Entstehungsmythos der Herrschaft, nämlich dass die Entstehung von Herrschaft gar nicht erklärungsbedürftig sei, weil Herrschaft eine jede Gesellschaft charakterisiere – das heißt: ohne Herrschaft sei eine Gesellschaft funktionsunfähig:

---

[1] Friedrich Engels, *Der Ursprung der Familie, des Privateigenthums und des Staats* (1884), MEW 21, S. 110ff.
[2] *Anti-Dühring* (1878), MEW 20, S. 151. Marx sah das anders: Gewalt (Raub) stehe im Anfang für die «kapitalistische Akkumulation».
[3] Nachweis siehe S. 87, Fn. 1.

SIGRIST: «Entgegen allen Versuchen, Herrschaft zur Elementarstruktur aller menschlichen Gesellschaften zu hypostasieren, [vertrete ich], dass als Elementarformen menschlicher Vergesellschaftung Gleichheit, Gegenseitigkeit, Kooperation, Solidarität, Opposition, Normativität zu begreifen sind – dass politische Herrschaft aber nicht zu ihnen gehört.»[1]

Sowohl die Ableitung von Herrschaftsentstehung aus der Ökonomie *als auch* die Behauptung, keine Gesellschaft funktioniere ohne Herrschaft, sind falsch. Sigrists Theorie bezieht sich auf Forschungen zu herrschaftsfreien und herrschaftsarmen afrikanischen Gesellschaften, ebenso zu Gesellschaften, die in Herrschaft übergehen.

SIGRIST: «Die Entstehung einer politischen Schichtung kann [...] nicht [...] aus der ökonomischen Schichtung abgeleitet werden. [...] [Etwa gingen] die Reichtumsunterschiede im traditionellen, zentralisierten Ganda-System[2] auf Raub-Akkumulation zurück, nämlich auf Raub sowohl von Sklaven wie von Vieh. Ökonomische Akkumulation kam nicht durch ökonomischen Tausch oder Wettbewerb zustande.»[3]

Einige Zeilen später wiederholt Sigrist diese entscheidende These als Ergebnis des Studiums der Ganda und ergänzt sie in einer Fußnote mit Hinweis auf eine frühere Vermutung von ihm, die sich derart bestätigt habe:

---

1 Christian Sigrist, Vorwort zur Neuauflage der *Regulierten Anarchie* (1967), Frankfurt/M. 1979, S. XIIIf | S. XII.
2 Die Ganda gehören zu dem Kultur- und Sprachkreis der Ostbantu. Der Staatsname Uganda leitet sich von ihnen ab.
3 Nachweis siehe S. 88, Fn. 1.

 «Die differentielle Verteilung ökonomischer Güter kam also nicht durch ökonomisches Handeln, sondern durch die Beteiligung an der Herrschaftsorganisation zustande. [Fn:] Die Verhältnisse bei den Ganda bestätigen also meine 1962 [...] ausgesprochene Vermutung, dass Zentralinstanzen nicht aus differentiellem Reichtum entstehen [...]; vielmehr wird umgekehrt ungleiche Verteilung der Produktion durch die zentrale Organisation bestimmt.»[1]

Pierre Clastres' wichtige These, auf die Sigrist im Vorwort von 1979 ebenfalls verweist,[2] lautete, die politische Beziehung der Macht ging der ökonomischen Beziehung der Ausbeutung voraus. Die Entstehung der Klassen folge somit derjenigen des Staats.[3] Weder Sigrist noch Clastres nahmen Bezug auf Franz Oppenheimer, der genau das bereits in «Der Staat» (1912) festgestellt hatte und bei der Reproduktion den ökonomischen Weg (Arbeit und friedlicher Tausch) vom politischen Weg (die gewaltsame Aneignung fremder Arbeitsleistungen) unterschied.

Etwa zeitgleich mit Clastres kam Elman Service zu einem ähnlichen Schluss: Die politische Herrschaft sei in ihrer Urform nicht tätig geworden, um (wie Engels es beschrieb) eine andere Klasse oder Schicht der Gesellschaft, sondern um sich selbst zu schützen; dafür legitimiere sie sich in der

---

1 Christian Sigrist, *Regulierte Anarchie* (1967), Frankfurt/M. 1979, Münster 1994, S. 174 | S. 180f. (Die Ausgaben sind seitengleich.)
2 Als Sigrist sein Grundlagenwerk «Regulierte Anarchie» 1967 veröffentlichte, hatte Clastres sein Buch «Staatsfeinde» noch nicht geschrieben; und als er es schrieb, kannte er Sigrists «Regulierte Anarchie» nicht; die beiden Ethnologen erforschten auch unterschiedliche Ethnien – Sigrist in Afrika, Clastres in Südamerika. Es gibt inzwischen genug Material, mit dem die Allgemeingültigkeit der Ur-Anarchie belegt werden kann.
3 Pierre Clastres, *Staatsfeinde* (1974), Frankfurt/M. 1976, S. 188.

Rolle als die Wahrerin des gesellschaftlichen Ganzen.[1] Die beiden elementaren Schichten waren laut Service die Herrschenden und die Beherrschten.[2]

3:15

Der Ursprung des Staats als die gewaltsame Aneignung fremder Arbeitsleistungen – was Oppenheimer wie gesagt den politischen Weg nannte, um zu Reichtum zu gelangen (im Unterschied zum ökonomischen Weg, der auf Arbeitsteilung und freiwilligem Tausch basiert) – wiederholt sich auf jeder Entwicklungsstufe und nach allen Teilzusammenbrüchen staatlicher Strukturen. Es ist demnach eine böse Illusion, den Staat, welcher der Ursprung der Oligarchie ist, zum Instrument machen zu wollen, um sie zu bekämpfen, also zu bekämpfen, was er selber hervorbringt: Bestenfalls kommt ein Austausch der Personen zustande; aber meist selbst das nicht: Die herrschende Klasse bleibt, abgesehen von wenigen Spitzenvertretern, meist relativ stabil; sie übersteht nicht nur friedliche, sondern auch gewaltsame Revolutionen spielend. Der König wird geköpft (der König ist tot, lang lebe der König), (fast) alle anderen verbleiben in ihren Positionen, ob Richter, Manager oder Beamte. Ein Beispiel für das Beharrungsvermögen von Oligarchien lieferten die Banken, die staatlichen Aufsichtsbürokratien und die Ratingagenturen im Zuge der sogenannten Finanz-

---

1 Mit dem Schlenker «indem sie sich in ihrer Rolle als Wahrerin des gesellschaftlichen Ganzen legitimierte» deutet Service die Rolle der Ideologie an.
2 Elman Service, *Die Ursprünge des Staates und der Zivilisation* (1975), Frankfurt/M. 1977, S. 13. Ob von Klassen oder von Schichten gesprochen wird, hängt vom theoretischen Rahmenkonzept des jeweiligen Autors ab (wobei im Englischen die Differenz schlecht auszudrücken ist). Mit «Schicht» wird eher eine sozioökonomische, mit «Klasse» eher eine politische Differenz angesprochen. Im angelsächsischen Sprachraum allerdings bezeichnet man beides als *class*.

krise 2007-8. Vereinzelt wurde Kreide gefressen, doch abgesehen von ein paar Bauernopfern blieb das oligarchische System intakt. Schulden wurden sozialisiert, erzielte Gewinne blieben privatisiert. Wer dies als «Neoliberalismus» bezeichnet, mag das tun; aber dann wäre er in der Tat ein autoritäres und antilibertäres Konstrukt. In der libertären Theorie wird es freilich *Korporatismus* genannt.

3:16

Gehen wir nun von Engels ans Ende des 20. Jahrhunderts. Pierre Bourdieu war ein Soziologe, der redlich um ein Verständnis von Staat und Gesellschaft rang. In Vorlesungen Ende der 1980er, Anfang der 1990er Jahre warnte er seine Studenten davor, ins Staatsdenken zu verfallen. Er meinte damit: Hütet euch vor der Anziehungskraft der Gewalt! Er sagte, es tue ihm leid, aber er müsse sie mit einem Thema langweilen, und das sei die Kommission. Das hörte sich in der Tat langweilig und unspektakulär an. Heute lesen sich diese Passagen wie Prophetie eines Genies: Kommissionen sind das Herzstück des Staats. Sie verwandeln mit, wie Bourdieu sagte, alchemistischen Kunststücken Partikularinteressen in Allgemeininteressen.[1] Während der Prozess der Entscheidungsfindung in den staatlich inthronisierten Kommissionen läuft, wird das, was anfangs partikulares Interesse war, dann zum Allgemeininteresse, sobald es die Kommission verabschiedet. Ich erläutere dies hier darum, um die Ungeheuerlichkeit zu verdeutlichen, die Bourdieu nur wenig später beging. Durch einen für mich noch nicht aufgeklärten Vorgang erkor Bourdieu ab Mitte der 1990er

---

1 Pierre Bourdieu, *Über den Staat: Vorlesungen am Collège de France 1989-92*, posthum 2012 ediert, Berlin 2017, S. 71. (Weitere je nach Kontext geläufige Begriffe des politischen Alltags: Ausschüsse, Expertengruppen, Gremien, Komitees, Räte, Stäbe.)

⇥ **90** ⇤

Jahre den Neoliberalismus zum Übel aller Übel. Wenn man unter Neoliberalismus die Ökonomik Milton Friedmans und die Politik vor allem Margaret Thatchers und Ronald Reagans versteht (wie in diesem Fall wohl kaum anders möglich), dann war das genau zu einer Zeit, in der der Neoliberalismus praktisch völlig an Einfluss verloren hatte. Der Neoliberalismus bilde, so schwadronierte Bourdieu, eine staatenlose Internationale, die sich anschicke, den Staat zu zerstören.[1] Dieser späte Bourdieu dementierte kurz vor seinem Tod alles das, was er zuvor erarbeitet hatte. Dennoch ist es diese Erzählung, die sowohl die Sozialwissenschaften als auch Feuilleton und Journalismus heute noch beherrscht. Das gefällt den Herrschenden.

Die Erzählung Bourdieus deutet die Utopie von Engels zur Realität um: Der Staat wäre nicht der Ausdruck der Herrschaftsverhältnisse, sondern er *begrenze* die Herrschaft. Dies besagt, dass Herrschaft nicht *im* Staat residiere, vielmehr *außerhalb* von ihm, und dass der Staat sie mehr schlecht als recht einhege. Wer also den Staat reduzieren wolle, wer ihn delegitimiere, werde mithin der Herrschaft die Leine lassen. So erhält der Ausdruck vom autoritären Libertarismus eine immanente Rationalität.

3:17

Der Begriff «Erzwingungsstab» stammt ursprünglich von Max Weber. In Christian Sigrists Theorie avanciert er zum entscheidenden Kriterium, um Herrschaft (Staatsgewalt) von sozialer Autorität zu unterscheiden. Herrschaft liege dann vor, wenn einer Person zur Durchsetzung des Willens

---

1 Vergleiche hierzu vor allem: Pierre Bourdieu, *Gegenfeuer*, Konstanz 1998, S. 114. Pierre Bourdieu, *Die Sachzwänge des Neoliberalismus*, in: Le Monde diplomatique vom 13. 03. 1998, monde-diplomatique.de/artikel/!3204120. Pierre Bourdieu, *Ökologie der Kunst*, in: taz vom 26. 10. 1999, S. 16.

ein Erzwingungsstab zur Verfügung stehe. Mithin ist die Existenz eines Erzwingungsstabs das Merkmal, das alle Staaten von den ersten angefangen bis zu den heutigen weltumspannenden supra-staatlichen Organisationen begrifflich auf einen Nenner bringt. Ein Gewaltmonopol innerhalb des beanspruchten Staatsterritoriums stellt das Ideal des Erzwingungsstabs dar: Das territoriale Monopol zu erreichen und aufrecht zu erhalten. Doch der Anspruch ist im Grunde nicht territorial begrenzbar. Die Nationalstaatlichkeit bleibt bereits im Anfang eine bloße Fiktion, da Nationen, verstanden als durch Geschichte, Sitten und Sprachen zusammen gehaltenes soziales Beziehungsgeflecht, niemals rein territorial definiert werden können; sie überschneiden und durchdringen sich. Insofern platzt jedes Gewaltmonopol tendenziell aus den territorialen Nähten und richtet sich auf die Weltherrschaft, die nur durch unbequeme Konkurrenz von ausreichend starken Nachbarn verunmöglicht wird. Vorerst noch.

3:18

Indem ich mir diese Herleitung vor Augen geführt habe, schwant mir, dass die Entgegnung, *libertär* bedeute freiheitlich und sei von daher naturgemäß dem Autoritarismus (d. h. der Herrschaft) zuwider, nicht hinreicht. Ich fürchte, dass der Begriff des «autoritären Libertarismus» das Zeug hat, allgemeine Zustimmung zu erheischen. Die Aufgabe aller Kräfte, die auf Freiheit setzen, kann nur darin bestehen, dem Märchen entgegen zu treten, dass die Herrschaft in der freien, gegenseitigen und gemeinschaftlichen Sozialität gründe, der gegenüber der Staat die Werte der Gerechtigkeit und der Freiheit repräsentiere. – Dieses Märchen kann sich zwar auf Engels, nicht jedoch auf Marx berufen.

01. Die Entfaltung der Produktivkräfte determiniert die Entstehung des Staats nicht – und auch nicht diejenige seiner Entwicklung; sie übt auf die Staatsentwicklung jedoch einen Einfluss aus. Nicht alle Staatsformen sind mit jeder Organisation der Produktivkräfte kompatibel.

02. Die ursprüngliche Entfaltung der Produktivkräfte (also Landwirtschaft mit Sesshaftwerdung: neolithische Revolution) erfordert nicht die Entstehung der Herrschaft (das heißt, Herrschaft besitzt keine funktionale Notwendigkeit für die Landwirtschaft).

03. Aus der Landwirtschaft erwächst nicht automatisch eine Teilung der Gesellschaft in Klassen mit Entstehung der Klassenherrschaft (zur Absicherung ökonomischer Dominanz der reicheren Bauern).

04. Die Entstehung der Klassen folgt der Herrschaft. Herrschaft: Eroberung; extern oder intern.[1]

05. Dass die Entfaltung der Produktivkräfte nicht die Form der Herrschaft determiniert, ist in der ursprünglichen Entfaltung daran ersichtlich, dass drei Formen der Herrschaft mit ihr kompatibel sind, **a)** Tributpflicht: das besiegte Volk wirtschaftet autonom und ohne Eingriff durch die Herrschenden weiter, wird vielmehr dazu erpresst, einen Teil der Arbeitsprodukte abzugeben; **b)** Feudalismus: Fürsten aus den Reihen des eigenen Volks erpressen Abgaben; die Bauern wirtschaften aber immer noch weitgehend ohne Eingriff durch die Herrschaft; **c)** Sklaverei: das besiegte Volk arbeitet unter der Knute der Herrschenden.

---

[1] Vergleiche Stefan Blankertz, *Widerstand*, Berlin 2016, S. 96ff.

06. Je nach Stand der Entfaltung der Produktivkräfte (je nach Entwicklung der Wirtschaft) wird eine Selbstbeschränkung der Herrschenden erforderlich; bei Nichteinhaltung droht wirtschaftlicher Niedergang.

07. Die soziale Realität einschließlich der konkreten Form der Wirtschaftsweise ist Ergebnis der Dialektik von Interesse der Herrschaft und Widerstand der Ausgebeuteten (Klassenkampf prägt die soziale Realität).

08. Das, was Marx Kapitalismus nannte,[1] ist solch ein Ergebnis der Dialektik von Herrschaft und Widerstand. Die «ursprüngliche Akkumulation» erfolgt durch Raub. Die Entfaltung der Produktivkräfte geht demgegenüber auf Widerstand der Bürger – sowie der Arbeiter – gegen herrschaftliche Interventionen zurück.

09. Der Kapitalismus erfordert in besonders heikler Art und Weise die Selbstbeschränkung der Herrschenden. Die Nichteinhaltung führt zum Sinken des Ausbeutungsgewinns, selbst wenn die Repression erhöht wird.

10. Herrschaft ist kein «Oberflächen»- oder «Überbau»-phänomen, hat nicht nur sekundäre Bedeutung.

11. Anarchie war Tatsache und ist jederzeit wieder möglich. Eine notwendige Funktion erfüllt Herrschaft nicht und erfüllte sie nie. (Die Qualifizierung *jederzeit* ist zugegebenermaßen nicht marxistisch.)

---

[1] In cislibertären Theorien als «Korporatismus» bezeichnet. Bei heutigen Debatten wird meist stillschweigend vorausgesetzt, dass das bestehende «kapitalistische» System unabhängig vom Staat agiere und durch ihn kaum kontrollierbar sei. Dies entspricht nicht der Analyse von Marx. Mehr noch als Marx wiesen die klassischen Anarchisten im 19. und beginnenden 20. Jahrhundert auf die überwältigenden Eingriffe des Staats in die Wirtschaft hin und warnten davor, diese Eingriffe noch weiter zu verstärken. Wenn sie von Antikapitalismus sprachen, redeten sie keiner Stärkung der Staatsgewalt das Wort.

4:1

Wahlen setzen mehr oder weniger folkloristisch ein Tauschgeschäft in Szene, bei dem eine Gruppe sich dafür bezahlen lässt, im Falle eines Wahlerfolges (= teurer Marketingevent) die Interessen der anderen – geldgebenden und als Wählermasse umworbenen – Gruppen vorrangig zu behandeln. Bei Amlinger und Nachtwey wird die herrschende Demokratieerzählung trotz ihrer Bezugnahmen auf Tocquevilles und Adornos Kritik[1] als richtig vorausgesetzt. Es ist an der Zeit, die *libertäre* Antwort zu formulieren.

4:2

In der herrschenden Demokratieerzählung (Erzählung der Herrschenden) macht das selbstredend einen viel besseren Eindruck. Aus der Vielzahl der meist falschen Referenzen, die jene Erzählung enthält, greife ich als Beispiel bloß Jean-Jacques Rousseau auf.
Rousseau wird zwar gern als Referenz in der Demokratieerzählung genutzt, meist jedoch ohne die von ihm implizit deutlich angesprochenen Probleme auch nur zu streifen: In seinem «Gesellschaftsvertrag» geht Rousseau davon aus,[2] die Mehrheitsmeinung habe eben nicht *per se* zu gelten, vielmehr habe die Regel, dass die Mehrheit sich durchsetzt, eine einmalige Einstimmigkeit zur Vorbedingung. Er fährt fort, dass diejenigen, die der Konstitution des Staats nicht zustimmen, auch nicht dessen Mitglieder sein können: Sie bleiben Fremde. Ein Staat besitzt also selbst dann, wenn er

---

[1] Vergleiche weiter vorn S. 34-37 (Adorno) sowie S. 38-43 (Tocqueville).
[2] Belegstellen für das Folgende finden sich französisch-deutsch in: Stefan Blankertz, *Einladung zur Freiheit: Werkbuch libertäre Theorie und Praxis*, Berlin 2020, S. 17-22.

eine Demokratie ist, keine Hoheit über nicht-zustimmende Personen. Darüber hinaus können laut Rousseau die Eltern nicht im Namen ihrer Kinder zustimmen: Die Zustimmung verfällt mit jeder Generation, die die Zustimmung *expressis verbis* erneuern muss.

Als Bedingung dafür, dass bei Abstimmungen überhaupt sinnvolle Ergebnisse herauskommen, statuierte Rousseau, dass die Wähler auf die Frage antworten: «Was ist für das Ganze das Beste?» und eben nicht nach persönlichen Interessen abstimmen; falls sie das tun, ist die Republik laut Rousseau tot.[1] Angelsächsische Demokratietheoretiker dagegen gingen stets realistisch davon aus, dass Wähler nach ihren Interessen entscheiden und es auch tun sollten. Aber dann ist unklar, warum das Interesse der Mehrheit das der Minderheit *a priori* berechtigterweise übersteigt.

4:3

Entscheidungen fallen – wie von Bourdieu beschrieben[2] – im Grunde gar nicht im Plenum, sondern in Ausschüssen, Arbeits- und Fachgruppen, Kommissionen; sie werden in den Hinterzimmern zumindest vorbereitet. Eine wichtige Rolle hierbei spielt die Größe: Je umfangreicher die zu verhandelnde Agenda, je höher die Zahl der Betroffenen (z. B. der teilnehmenden Länder), desto abgehobener sind die Teilnehmer von der Basis – den Betroffenen – und desto anfälliger macht es sie für Lobbyisten. Außerdem bedeutet Größe stets auch semantische Abstraktion. Das Zauberwort heißt hier «Kompromiss», und um einen solchen wird mitunter jahrelang gerungen. Dementsprechend vereinbart man beispielsweise bei sogenannten «globalen» Frage-

---

[1] Jean-Jacques Rousseau, *Der Gesellschaftsvertrag* (1762), Stuttgart 1958, S. 58f, S. 150f.
[2] Siehe weiter vorn S. 90f.

stellungen primär Ziele und Regeln und verknüpft sie gern mit einem «Wertekatalog». Dass derartige «Wertekataloge» vorzugsweise mit nicht genau fassbaren Worten gespickt sind, versteht sich von selber. Sind die Regeln und Kataloge einmal abgenickt, geht es an die Umsetzung mittels einer schrittweisen Erhöhung der Repression.

4:4

Die seit kaum mehr als zweihundert Jahren praktizierte Form der parlamentarischen Demokratie, gepriesen als die Krone der Herrschaftslegitimierung sowie des gesamten Denkens über ein gerechtes und soziales Zusammenleben, beruht auf den beiden Säulen *Repräsentation* und *freiem Mandat*. Ich werde zeigen, dass beide Säulen schon für sich genommen das Wählen zu einem eitlen Vorgang machen und überdies in klarem Widerspruch zueinander stehen.

Die tagespolitischen Auseinandersetzungen drehen sich meist um Fehler bei der Durchführung der Wahl (Vorwurf der Wahlmanipulation) oder um den Modus der Wahlen (nicht-repräsentative Einteilung der Wahlbezirke oder auch Verhältnis- im Gegensatz zum Mehrheitswahlrecht). Wenn es beim Auszählen von Wahlausgängen darum geht, dass eine Handvoll Stimmen innerhalb einer Gesamtzahl von Wahlberechtigten, die Millionen umfasst, die Lächerlichkeit desjenigen Anspruchs deutlich machen könnte, die Mehrheit würde zu einer legitimen Herrschaft führen, geht dies im Spektakel der Tagespolitik leider unter. Aber auch bei einer satten Mehrheit stellt sich die ironische Frage, inwiefern eine Mehrheit, die dumme Entscheidungen trifft, besser sein sollte als eine Minderheit, die eine kluge Entscheidung getroffen hätte.

Das Problem, weshalb die Mehrheit das «Recht» habe, sich durchzusetzen, liegt hierbei erstaunlich nahe an der Oberfläche. Dies lässt sich daran erkennen, dass Beteuerungen nach der Wahl meist dahin lauten, die gewählten Politiker würden irgendwie das ganze Volk repräsentieren. Manche mit einer idealtypischen Mehrheit (meist freilich mit einer faktischen kleinen Minderheit) in ihre Ämter entsandten Politiker verkünden es nach einer Wahl sogar lauthals: Nein, sie würden nicht nur ihre Wähler und deren Interessen vertreten, sondern auch die mit einbeziehen, die sie nicht gewählt haben. Präsidenten, Kanzler und Minister, sie alle agieren als Repräsentanten des ganzen Volks.

4:5

Die Verwandlung einer von einem größeren oder kleineren Teil der Wahlberechtigten gewählten Person in einen Repräsentanten des ganzen Volks ist ein überaus sonderbarer Vorgang, der seine Sonderbarkeit nur dadurch verlor, als er in der Demokratie täglich zelebriert wird: Das Wahlvolk ist an ihn gewöhnt. Der Politiker wird also von einem Teil des Volks gewählt, repräsentiert dann aber das ganze Volk einschließlich der ärgsten Gegner (und des uninteressierten Restes sowieso). Da müssten, wenn es mit ein wenig Logik zuginge, seine Wähler sich doch gelinde gesagt verarscht vorkommen. Aber nicht nur das: Wenn es dem Politiker möglich ist, die Interessen des ganzen Volks zu erkennen und ihnen entsprechend zu handeln, macht es keinen Sinn, dass er sich der Wahl stellt. Stehen mehrere Kandidaten zur Wahl, die alle über diese recht sonderbare Gabe verfügen, die Interessen des ganzen Volks zu erkennen und zu repräsentieren, so würde es reichen, dass zwischen ihnen ausgewürfelt werden würde.
Freilich erwartet man von verschiedenen Kandidaten, dass sie nach erfolgter Wahl auch eine unterscheidbare Politik betreiben, denn ansonsten hätte das Wählen noch weniger

Sinn. Das Gerede vom Interesse des ganzen Volks ist leer; es kaschiert, dass der Politiker im Sinne einer bestimmten Interessengruppe des Volks handelt. Die Behauptung, ein Einzelinteresse, bloß weil es zufällig die absolute – oder (meist nur) relative – Mehrheit der abgegebenen gültigen Stimmen erreicht, sei berechtigt, gegen ein anderes, in der Minderheit befindliches Interesse zu obsiegen, kann so wenig Rationalität beanspruchen, dass kaum jemand sie vorbringt.

Aber in welcher Weise repräsentiert ein gewählter Politiker das Interesse seiner Wähler? Nicht ohne Grund wird hier von Repräsentation und nicht Auftrag gesprochen. Einen bindenden Auftrag der Wähler gibt es nicht. Auch dabei geht die Demokratietheorie davon aus, dass dem Politiker die übersinnliche Gabe zuteil wurde, im Interesse seiner Wähler handeln zu können, ohne mit ihnen Rücksprache zu halten. Die Vorstellung der Repräsentation ist letztlich eine, die im Monarchentum gründet: Der weise Herrscher weiß um die Sorgen und Nöte seines Volks und handelt entsprechend gütig und umsichtig. Gott hat diese Gabe ihm in die Wiege gelegt. Im Fall der Demokratie ist es nicht Gott, sondern die Mehrheit. Doch wenn bereits Gott sich in der Wahl seiner Repräsentanten oft genug irrte (das Alte Testament ist voll von derartigen Irrtümern), wie sollte die Mehrheit dann unfehlbar sein?

4:6

Noch vertrackter wird es, wenn wir uns die zweite Säule der Demokratietheorie neben der Repräsentation anschauen, das freie Mandat. Mit diesem Begriff ist gemeint, dass der gewählte Repräsentant nur seinem Gewissen verpflichtet sei, mithin weder seinen Wählern noch seiner Partei. Diese Regel der Demokratie findet ihren praktischen Sinn darin, dass sie den Abgeordneten vor Fraktionszwang schützen soll, denn ansonsten bedürfte es keiner größeren Zahl von Abgeordneten, sondern nur eines Vertreters jeder Partei, die einen ihrem Stimmanteil entsprechenden Proporz an den Entscheidungen erhält. Das wäre eine finanziell durchaus günstigere Variante als die Riesenparlamente, und vermutlich entspricht das auch der Realität, trotz der vielen Abgeordneten. Jeder weiß, dass sie abhängig sind von ihrer Partei, von ihren Posten her und finanziell sowieso. Ein Abgeordneter, der beständig die Disziplin seiner Partei verletzt, fliegt schneller aus dem Parlament als einer, der beständig gegen die Interessen seiner Wähler handelt. Doch Abgeordnete beteuern oft, dass sie die Interessen ihrer Wähler im Auge haben. Gleichwohl ermöglicht ihnen das freie Mandat, auch gegen sie zu verstoßen.

Wenn der Abgeordnete oder ein anderer per Wahl ins Amt gekommener Repräsentant des Staats ein freies Mandat hat und nur dem Gewissen verpflichtet ist, bedeutet dies im Klartext, dass er nach der Wahl und bis zur nächsten Wahl im Prinzip entscheiden kann, was er will. Machen können, was man will, ist bezogen auf einen Herrscher das Willkürprinzip des Diktators (oder früher eben Fürsten bzw. Monarchen). Jemanden zu wählen, der dann machen kann, was er will, macht offensichtlich keinen Sinn. Freilich gibt es eine Grenze der Willkür, das ist eben die nächste Wahl, in der die Wähler dem Abgeordneten, der seinem Gewissen folgend ihnen entgegen gehandelt hat, die Wiederwahl verweigern können. Hiermit wiederum wird das freie Mandat ausgehebelt.

4:7

Logisch gesehen ist ein anderer Aspekt wichtiger: Die Aufforderungen an den Gewählten, seine Wähler oder gar das ganze Volk zu repräsentieren, und die Regel, dass er per freiem Mandat nur seinem Gewissen folgen solle, stehen in einem absoluten Gegensatz zueinander, außer man ginge davon aus, das Interesse der Wähler und das individuelle Gewissen ihrer Repräsentanten seien stets deckungsgleich. Aber falls beide Aspekte stets deckungsgleich wären, würde es die Regel des freien Mandats nicht geben müssen. Mehr noch: Indem die Regel des freien Mandats gesetzt wird, gibt die Theorie der parlamentarischen repräsentativen Demokratie implizit zu, dass die Mehrheit mitunter von dem abweichen kann, was ein aufrichtiges Gewissen als Recht erkennt. Zugespitzt gesagt: Man kann der Mehrheit nicht trauen.

4:8

Den jeweils neu gewählten Volksvertretern, die das ganze Volk repräsentieren, schlägt oft die Beharrungstendenz des überkommenen Staatsapparats entgegen, so es ihnen um Innovationen zu tun ist. Diese Beharrungstendenz wird als ein Widerstand der Bürokratie, der herrschenden Eliten oder heute gern auch als «Deep State» bezeichnet. Mit dem Hinweis auf einen Widerstand gegen die aktuelle Regierung gibt man zu, dass sie eben nicht das ganze Volk repräsentiert. Aber auch der Begriff «Deep State» (oder der der Elite; heute seltener: Oligarchie) ist problematisch und zwar in einer zweifachen Hinsicht:

1. Zum ersten suggeriert er, dass es ein einheitliches Interesse der (oder von Teilen der) Staatsbürokratie unterhalb der politischen Regierung gäbe, was sicherlich nicht zutrifft; da bleibt der Begriff vom «militärisch-industriellen Komplex» präziser: Er bezeichnet die demokratisch nicht vollständig legitimierte Zusammenarbeit eines Teils der Staatsbürokratie, und zwar der militärischen Verwaltung beziehungsweise eines Teiles von ihr, mit einem Teil der Industrie, nämlich (Teilen) der Rüstungsindustrie. Dabei unterstellt man, dieser «militärisch-industrielle Komplex» entwickele eine unkontrollierte Eigendynamik.

4:9

2. Das zweite Problem im Begriff «Deep State» besteht darin, dass er das sicherlich generell vorhandene Beharrungsinteresse der Bürokratie gegenüber der jeweils aktuellen politischen Führung nur unter dem negativen Gesichtspunkt anspricht. Eine frisch gewählte Regierung, egal von welcher politischen Seite sie stammt, erbost natürlich das Widerstreben von Teilen der Bürokratie gegenüber ihren Reformversuchen. Die Anhänger dieser neuen Regierung prangern jedes amtliche Widerstreben postwendend als undemokratisch an; die Qualifizierung als undemokratisch ist dabei zweifellos richtig, denn die Bürokratie ist nicht gewählt worden, hat mithin keinen Auftrag von dem Wähler. Dennoch: Die Gegner der Neuerungsversuche, die in den meisten westlichen Demokratien ja die knappe Minderheit der abgegebenen gültigen Stimme hinter sich wissen, aber meist die Mehrheit der gesamten Wahlberechtigten ausmachen (denn die Wähler kleiner, nicht repräsentierter Parteien fallen unter den Tisch, und die Nichtwähler haben jedenfalls nicht explizit zugestimmt), sind heilfroh über die Bremswirkung, die die Bürokratie hat. So gesehen ist das konservative Beharrungsvermögen des «Deep State» in gewisser Weise auch ein Schutz der Bevölkerung vor der Willkür der gewählten Regierung. Diese Problematik kann man in letzter Zeit gut beobachten: Diejenigen, die, als Trump regierte, den «Deep State» dafür verantwortlich machten, dem Präsidenten Steine in den Weg zu legen, waren es dann, die einen Teil des «Deep State» (das Justizwesen) benutzten, um gegen die Corona-Maßnahmen der Bundesregierung vorzugehen, und es war die andere Seite, die über den «Deep State» jammerte, weil er die besten Absichten der Regierung behinderte.

4:10

Jene Gruppen, die nach Einfluss auf die Instrumentarien der Staatsgewalt streben, haben freilich *keine* homogene Interessenlage. Sie befinden sich mitunter in einem Wettbewerb, teilweise in scharfen, teils (bürger-) kriegerischen Auseinandersetzungen. Die Vorstellung einer einzigen Weltverschwörung, die alle Regierungen unterjocht (bildlich: das oberste Promille oder die *eine* streng geheime Geheimgesellschaft gegen den Rest der Welt), ist zu simpel. Selbst der vermeintlich allmächtige Augustus musste auf zig Partikularinteressen Rücksicht nehmen und konnte nicht nach Belieben schalten und walten.

Diese Gruppierungen weitgehend *einen* dürften freilich nur halb-bewusste übergeordnete Interessen:

▷ die Erhaltung des Staats (jedoch nicht unbedingt jedes Einzelstaats) als Erzwingungsapparat;

▷ die Ideologie der Demokratie (in was für einer Form auch immer) als Götzen- und Trugbild von Gleichheit und Mitbestimmung, sowie

▷ die Förderung von Zentralisierung und Formalisierung, mit anderen Worten, die Förderung alles Großen.

4:11

Was es wesentlich zu erkennen gilt für eine sinnvolle Kritik und eine zielführende Opposition, ist, dass die beklagten negativen Einflüsse von Machtballungen, sei es die schiere Zahl der Masse (Straßenmob), sei es die straff organisierte NGO, sei es die Wucht der Finanzkraft, bloß dann zustande kommen, wenn sie sich auf das Ziel der Steuerung zentralstaatlicher Instanzen richten können. Ohne diesen Fokus, der die Ballung *eint*, würde die Macht in kleine und handhabbare Strukturen zerfallen.

Den Ausweg bietet der libertären Auffassung zufolge eine Kombination aus *Kleinheit* (= Vielfalt) mit *Verantwortung*. Wer persönlich verantwortlich ist, trifft bessere, lebensechtere Entscheidungen. Freiwillige Systeme lernen aus Fehlern und reagieren mit Korrektur. Kleinheit beschränkt die Wirkungen, macht Fehler schneller sichtbar (Makro-Bullshit lässt sich paradoxerweise leichter verstecken als Mikro-Bullshit), reduziert Machtballungen, lässt Systeme und Gesellschaften robuster werden: eben lebensechter. Verantwortung und Kleinheit beugen «to big to fail, to big to jail» vor, der heutigen Form von «die Kleinen hängt man und die Großen lässt man laufen». Small is beautiful: Mehr Utopie darf nicht sein, schlägt in Bevormundung um.

4:12

Dass die gegenwärtig als moralisch einzig akzeptable Form der Herrschaft etablierte parlamentarisch-repräsentative Demokratie in Praxis und Theorie erhebliche Schwächen zeigt, gibt fast jeder umstandslos zu. Gern verweist man auf Winston Churchill, der 1947 sagte, Demokratie sei die schlechteste Regierungsform – bis auf alle anderen. Nun, das sagte ein Mann, der einem Weltreich vorstand, welches nur einem ganz kleinen Teil der in ihm lebenden Völkern das Wahlrecht zugestand, und der, als 1943 aufgrund des Agierens der Regierung bei einem nicht wahlberechtigten Volk eine Hungersnot ausbrach, sich für «unzuständig» erklärte.

Auf Widersprüche zwischen der Verfassungstheorie und der machtpolitischen Realität wurde zwar oft hingewiesen, doch gleicht diese Kritik einem einsamen Rufer im Sturm des machtpolitisch-oligarchischen Konsenses. Werfen wir einen Blick auf die Reformvorstellungen.

Immer wenn jenseits etablierter Mehrheiten neue soziale Bewegungen auftreten und diese eine zunächst erst außerparlamentarische Mehrheit bilden, kommt eine besondere Art der Demokratie ins Spiel: die direkte oder plebiszitäre Demokratie, die Volksabstimmung. Die Kritik lautet, das Parlament repräsentiere den Volkswillen nicht mehr, die etablierten Parteien würden in etlichen Fragen andere Präferenzen haben als die wahre Mehrheit des Volks, falls es die Möglichkeit hätte, über Einzelfragen abzustimmen.

Die Vertreter des etablierten Systems dagegen loben die konservative Beharrungskraft, die im parlamentarischen Prozedere bestehe, und die Bremse gegen unsinnige Einzelentscheidungen, die die Parteiprogramme darstellen: Man dürfe es dem Mob nicht überlassen, Fachfragen zu entscheiden. Mit der Kritik haben die Etablierten mehr Recht als die Angreifer, aber auch mehr Recht, als den Etablierten lieb sein kann; denn sie lässt sich auf die parlamentarische Demokratie zurückwenden. Aber in der Tat stehen Volksabstimmungen oder Rätesystem nicht besser da.

4:13

Die meisten, auch und grad grundsätzlicheren Vorschläge zur Reform der (parlamentarisch-repräsentativen) Demokratie haben das Ziel, die Demokratie demokratischer zu machen, also die Herrschaft des Volks zu stärken; wobei es in Wahrheit sich stets darum handelt, die Möglichkeit der Mehrheit zur Unterdrückung der Minderheit auszubauen. Diese Vorschläge lassen sich grob in zwei Kategorien einteilen: Die eine Richtung geht davon aus, die Beteiligung der Wähler an den Entscheidungen solle größer werden. In diese Kategorie fallen Vorschläge zur direkten Demokratie mit bindenden Volksentscheiden. Die andere Richtung will die Mandats- und Amtsträger stärker den Weisungen der Wählermehrheit unterwerfen; diese Kategorie der Vorschläge lässt sich unter der Überschrift des Rätesystems zusammenfassen.

Der zunächst scheinbar einfachste und naheliegende Weg, die Wählermeinung stärker zur Geltung zu bringen, besteht in einer Reduzierung des beherrschenden Einflusses der Parteien auf die Politik, weil diese verfälschend bei der Meinungsbildung wirken. Bereits einer der Ur-Ahnen der Demokratietheorie, Jean-Jacques Rousseau, fürchtete die Parteienbildung und bezeichnete sie als das Ende jeder Republik.[1] Unter den Gründungsvätern der USA warnte James Madison vor dem Überhandnehmen des Einflusses von Parteien.[2] Wie könnte eine Reduzierung des Parteieneinflusses aussehen? Man müsste dazu ein demokratisches Grundrecht, die Assoziationsfreiheit (Versammlungs- und Organisationsfreiheit), aufheben. Zudem: Wie sollte ein Kandidat seinen Wahlkampf bewältigen und finanzieren können ohne einen hinter ihm stehenden Apparat? Und was wäre ein solcher Apparat anderes als eine Partei?

4:14

Volksentscheide andererseits sind sowohl organisatorisch möglich als sie auch in Demokratien eingesetzt werden. Sie ließen sich ohne Probleme weiter ausbauen. Den Aspekt, dass Mehrheiten weder laut Theorie noch laut Empirie dahin tendieren, gute Entscheidungen zu treffen, sondern im

---

[1] Jean-Jacques Rousseau, *Der Gesellschaftsvertrag* (1762), Stuttgart 1958, S. 58f, 150f. Parteien: *brigues, associations partielles*.

[2] Rede vom 23. November 1787. Zit. n. Gerald Myers (Hg.), *The Spirit of American Philosophy*, New York 1970, S. 78ff. Parteien: *factions*.

Gegenteil eher Irrtümern zu erliegen sowie des Weiteren Minderheiten zu traktieren, heilt die direkte Demokratie nicht, nein, sie verschärft diesen Aspekt. Doch stellen sich der direkten Demokratie auch praktische Probleme: Da im politischen Alltag ständig Modifikationen der einmal begonnenen Unternehmungen notwendig sind, müssen entweder ständig Wahlen stattfinden (die den Entscheidungsprozess über Gebühr in die Länge ziehen können), oder es bleibt viel Spielraum der Politiker, die Dinge auf ihre Weise zu interpretieren. Der Schweizer Anarchist David Dürr hat errechnet,[1] dass die direkt-demokratische Mitwirkung des Wahlvolks an der Legislative im Promille-Bereich liegt; von der Exekutive ganz zu schweigen.

4:15

Rätesysteme, in denen die gewählten Vertreter an den Auftrag der Wähler gebunden sind, haben es nicht besser als die direkte Demokratie; bei näherem Hinschauen sind sie nur eine formal andere Variante als die Volksabstimmung. Meist koppeln Vorstellungen des Rätesystems sich an eine korporatistische Struktur: Berufsgruppen, Institutionen, Organisationen und Unternehmen werden durch Körperschaften bestimmt, in denen Räte den jeweiligen Wählerwillen ausführen. Was auch immer die Vorteile solch einer weniger zentralen Gestalt gesellschaftlicher Organisation sein mögen, im Alltag der Entscheidungen haben die Räte es nicht leichter als die durch Volksentscheid beauftragten Politiker: Entweder müssen sie bei jeder notwendigen oder wünschenswerten Modifikation eines ursprünglichen Auf-

---

1 David Dürr, *Staatsoper Schweiz*, Bern 2011, S. 59ff. Er kommt auf eine Zustimmungsquote von 0,33 %. Es geht nicht darum, ob es besser wäre, würde sie bei 33 % oder bei 66 % liegen, sondern dass die Rechtfertigung der Demokratie als Mehrheitsherrschaft ihrerseits blanker Hohn ist.

trags erneut die Wähler befragen, oder sie greifen auf die beiden problematischen Säulen parlamentarischer Demokratie zurück, nämlich Repräsentation und freies (nicht an einen Auftrag gebundenes) Mandat – diese beiden Pferdefüße, die das Rätesystem heilen sollte.

4:16

Was geschieht, wenn in einer Volksabstimmung oder via gebundenem Rätemandat die Wähler eine Entscheidung treffen, die nicht etwa nur widersinnig oder auch in der Konsequenz katastrophal ist, sondern ganz und gar undurchführbar? Als eine Blödelei fällt mir der angestaubte Spruch kommunistischer Parteien ein, «Mieten runter, Preise runter, Löhne rauf». Die Wähler sind zwar vor den Konsequenzen ihrer Entscheidungen nicht geschützt, sie müssen sie schließlich selber ausbaden, das führt sie aber nicht dazu, weise Entscheidungen zu fällen. Zwei Faktoren sind hier im Spiel. Der eine Faktor besteht darin, dass die Konsequenzen von Entscheidungen nicht allen bekannt sind. Der andere Faktor besteht darin, dass sie in einer unbestimmten Zukunft eintreten.

4:17

Aus den Denklaboren der Public-Choice-Schule politischer Ökonomie stammt eine Modifikation der Fragen, die den Wählern vorgelegt werden sollen:[1] Zu jeder Entscheidung möge die Konsequenz – vornehmlich die fiskalische Konsequenz – mitgeteilt werden. Es ist in der Diskussion dieser

---

[1] Vgl. James M. Buchanan und Gordon Tullock, *The Calculus of Consent*, Michigan 1962; sowie Gordon Tullock (Hg.), *Papers in Non-Market Decision Making*, Volume 1, Charlottesville 1966; T. Nicolas Tideman und Gordon Tullock, *A New and Superior Process of Making Social Choices*, in: Journal of Political Economy 84 (1976).

Vorschläge meiner Übersicht nach nie erwähnt worden, dass die Voraussetzung all solcher Vorschläge die Existenz eines Rätesystems ist, denn es macht nur wenig Sinn, über eine Entscheidung nebst der fiskalischen Konsequenz abzustimmen, falls die gewählten Mandatsträger dann etwas völlig anderes durchführen. Aber nicht nur das: Dieser Vorschlag, die Wähler verantwortlicher entscheiden zu lassen, setzt voraus, dass die fiskalische Konsequenz einer Entscheidung objektiv festliegt und nicht selber Gegenstand einer Auseinandersetzung zwischen politischen Akteuren ist. Eine für die meisten Entscheidungen nicht realistische Voraussetzung.

Allerdings beleuchtet der Vorschlag, über Entscheidung plus Konsequenz abstimmen zu lassen, gleichsam gegen die Intention derer, die den Vorschlag unterbreiten, das Hauptproblem der Demokratie: Gesetzt, die Mehrheit entscheidet, ein kostenintensives Unterfangen umzusetzen und zwar in vollem Bewusstsein der hohen Kosten. Jeder in der Mehrheit ist bereit, die entsprechenden Mittel aus den Steuern zur Verfügung zu stellen. Doch sie zwingen via Staatsgewalt der Minderheit diese hohen Kosten ebenfalls auf. Wenn, wie es in einer freien Gesellschaft ohne Staatsgewalt gegeben wäre, nur diejenigen solche Kosten tragen müssten, die aktiv zugestimmt haben, käme es für jeden natürlich teurer: Wir sehen also ganz deutlich, dass der Sinn und Zweck der Demokratie die Ausbeutung der idealtypischen Minderheit (*de facto* meist der Mehrheit) ist: Alle zahlen, einige ziehen den Nutzen daraus. Das ökonomische Prinzip dahinter lautet, die Kosten auf möglichst *viele* zu verteilen, den Nutzen auf *wenige* zu konzentrieren; das ergibt den höchsten Ausbeutungsgewinn. Und dies bleibt die politische Ökonomie eines jeden Staats; an ihr ändert die Demokratie nicht das Geringste.

Nun wird behauptet, es sei halt notwendig, dass eine Entscheidung getroffen werde, und dann sei's doch besser, der Mehrheit zu folgen als einer Minderheit. Die Notwendigkeit der Entscheidung ist freilich ihrerseits eine Ideologie des (demokratischen) Staats. Weshalb muss ganz Großbritannien entscheiden, Mitglied in der EU zu sein oder nicht? Wenn es statt Großbritannien England, Schottland und Wales geben würde, könnten diese drei Staaten getrennt voneinander über ihre Mitgliedschaft entscheiden, während gesagt wird, ganz Großbritannien müsse eine gemeinsame Entscheidung treffen, weil es *ein* Staat sei. Dann könnten auch England, Schottland und Wales weiter in noch kleinere Regionen heruntergebrochen werden, wobei jede dieser Nationen für sich autonom entscheiden würde, ob sie in der EU Mitglied sein möchte oder nicht. Schließlich würde die kleinste Einheit entscheiden, nämlich jedes Individuum für sich. Statt einer Brexit-Kampagne hätte es eine Kampagne geben sollen, die besagt, jeder Brite dürfe für sich über seine Mitgliedschaft entscheiden. Ein solches Votum hätte die Bürokraten in Brüssel vor weit größere Probleme als der Brexit gestellt. Es hätte Konsequenzen für die gesamte EU: Sie würde zu einer nicht-staatlichen Einrichtung mit freiwilliger Mitgliedschaft.

Die gleiche Argumentation wie für den Brexit gilt auch für ein Thema der Grünen, die Atomkraft. Nehmen wir zwei Staaten mit gemeinsamer Grenze an; in dem einen Staat hat die Mehrheit für, in dem anderen gegen Atomkraft gestimmt. Ein paar Kilometer hüben oder drüben bedeuten, dass eine Person in einem Staat ohne oder mit Atomkraft lebt. Sofern zwischen diesen Staaten kein Abhängigkeits-

oder Kriegsverhältnis besteht, müsste ein jeder Staat das Votum des jeweils anderen respektieren, vor allem wenn es sich um demokratische Staaten handelt. Wenn einer dieser Staaten sich per Sezession spalten würde, würde in dem neu entstandenen Staat wiederum – unter anderem – über Atomkraft *ja* oder *nein* abgestimmt. Nun kann es durchaus sein, dass ein Staat, in welchem die Mehrheit gegen Atomkraft gestimmt hat, sich durch die Atomkraft im Nachbarstaat bedroht fühlt. Erneut kein Abhängigkeits- oder Kriegsverhältnis zwischen jenen beiden Staaten vorausgesetzt, kann der Staat ohne Atomkraft nichts anderes tun, als mit dem Staat, in welchem es Atomkraft gibt, in Verhandlung zu treten und irgendeine Lösung zum beiderseitigen Einverständnis auszuarbeiten.

4:20

Genau das ist die Alternative zur Demokratie: Verhandlung zwischen *freiwilligen* Gruppen souveräner und autonomer Individuen, die sich einigen, statt Gewalt anzudrohen oder gar auszuüben. – Im Sinne einer gerechteren Gesellschaft und einer besseren Entscheidungsstruktur muss das Ziel (umgekehrt als Amlinger und Nachtwey statuieren)[1] nicht die *Ausweitung*, sondern die *Einschränkung* der Demokratie im Sinne einer Mehrheitsherrschaft sein.

4:21

Demgegenüber argumentieren die Befürworter der Volksabstimmungen, sie machten es möglich, wichtige Anliegen gegen das Establishment durchzusetzen. Früher haben die Grünen gejubelt, dass man mit Volksabstimmungen den Bau von Atomkraftwerken, Flughäfen oder Mülldeponien

---

[1] Siehe weiter vorn S. 19.

verhindern könne, ohne gleich die Mehrheit im Bundestag erreichen zu müssen. Heute verweisen Rechtspopulisten etwa auf den Brexit, der zeige, wie gut das Instrument der direkten Demokratie geeignet sei, der Elite im Parlament den Marsch zu blasen. Aber Obacht, die Demokratie ist ein formales Instrument. Mehrheiten können auch den Bau von Atomkraftwerken beschließen, ebenso wie sie die Regierung eines Staats auffordern können, in die EU einzutreten. Man ist für direkte Demokratie dann, wenn man meint, man schwimme in der Zustimmung der Mehrheit. Man beschimpft sie als Pöbelherrschaft, wenn einem der Wind der Mehrheit ins Gesicht bläst.

4:22

Nicht bloß dies ist das Problem. In einer Volksabstimmung zeigt sich auch, dass es gar keine einheitliche Meinung des Volkes gibt. Oft sind Abstimmungsergebnisse knapp. Was ist mit der Minderheit? So auch beim Brexit: Keineswegs alle Britten haben für den Austritt aus der EU gestimmt. Es ist darüber hinaus auch unklar, ob bei einer Wiederholung der Abstimmung zu einem späteren Zeitpunkt das Votum nicht anders ausfallen würde. Damit zeigt sich, dass demokratische Abstimmungen, besonders Volksabstimmungen, einer gewissen Zufälligkeit unterliegen. Sollte der Zufall ein rationales Entscheidungskriterium sein? Dann wäre es billiger, die Ergebnisse auszuwürfeln, statt teure und langweilige Wahlen zu organisieren.

4:23

Direkte Demokratie verschärft *alle* Mängel der Demokratie: **1.** Durch Abstimmungen lassen sich Gesetze oder staatliche Maßnahmen erwirken, die der Mehrheit Vorteile zu sichern scheinen, ohne dass deren Kosten bedacht werden müssen. Jeder stimmt so ab, dass er meint, Vorteile zu erhalten, während Andere die Zeche zahlen sollen.

2. Während in den parlamentarischen Demokratien Mehrheiten meistens über Koalitionen zustande kommen, lässt sich mit Volksabstimmungen rigoros über Minderheiten hinweggehen. Die Minderheit kann dann bis knapp unter 50 % derer reichen, die eine gültige Stimme abgeben.

3. Volksabstimmungen tendieren noch stärker als andere Wahlen dazu, die Stimmung emotional aufzuheizen: Empörung siegt.

4. Egal, um welche Entscheidung es geht, bei einer Volksabstimmung entscheiden stets vor allem Nichtbetroffene über die Betroffenen. Nehmen wir zum Beispiel den Fall, dass in einer Volksabstimmung über die Einführung eines Mindestlohns entschieden werde. Die Mehrheit derer, die abstimmen, sind weder als Arbeitnehmer betroffen davon, dass sie nicht mehr für den Lohn arbeiten dürfen, zu dem jemand bereit ist, sie anzustellen, noch als Arbeitgeber, der den Mindestlohn bezahlen soll. Oder: Es werde per Volksabstimmung entschieden, ob in Lokalen ein Rauchverbot gilt. Die Mehrheit der Wähler ist weder Gastwirt, der gern Rauchern eine Möglichkeit eröffnen würde, eine Mahlzeit einzunehmen, noch Raucher, der auf der Suche nach einem Lokal ist, in welchem er rauchen darf.

5. Zusammenfassend muss gesagt werden, dass die direkte Demokratie das Grundproblem des Staats besonders krass vor Augen führt, nämlich dass die Mitgliedschaft in der Gruppe, die die Entscheidung trifft, nicht freiwillig ist.

4:24

Von etlichen Enthusiasten der direkten Demokratie wird schließlich gern auf die Schweiz verwiesen. Freilich ist es gar nicht die direkte Demokratie, die die Schweiz überlegen sein lässt, sondern der Föderalismus: dass man sich gegenseitig in Ruhe lassen muss. In dem Maße, in welchem die Volksabstimmungen dazu führen, dass Kantone einander majorisieren können, geht auch das Schweizer Modell zugrunde.

4:25

Dass der Mehrheit das Schlimmste zuzutrauen ist, gesteht sogar die herrschende Demokratietheorie zu. Sie statuiert nämlich, dass die Reichweite dessen, was die Mehrheit entscheiden dürfe, durch in der Verfassung zu garantierende Menschen- oder Grundrechte begrenzt werden müsse. Das ist ein denkwürdiger Umstand: Auf der einen Seite bangt man, die Mehrheit wolle Menschen- oder Grundrechte je nach Opportunität einschränken oder gar kassieren, auf der andere Seite aber traut man in allen übrigen Bereichen dieser Mehrheit zu, zukunftsträchtige und sinnvolle Entscheidungen zu treffen (auch bezüglich so existenzieller Fragen wie Krieg und Frieden, Wirtschaft, Umweltschutz usw.). Durch welche göttliche oder natürliche Fügung diese Trennung der Entscheidungsfindung durch die Mehrheit in einen guten und einen schlechten Part erklärlich ist, hat meines Wissens noch niemand veröffentlicht.

4:26

Die Geschichte und Gegenwart der Demokratie zeigt allerdings, dass Verfassungen dann, wenn die idealtypische Mehrheit (*de facto* meist eine nur kleine Minderheit) entschlossen ist, ein Menschen- oder ein Grundrecht zu beschneiden oder gar aufzuheben, nicht das Papier wert sind, auf dem sie gedruckt wurden. Viele demokratische Staaten haben deswegen eigene Gerichte installiert, die derartige Beschneidungen der Rechte durch die von der Mehrheit gewählte Regierung überprüfen sollen. Allein die Tatsache, dass Beschneidungen der Rechte überprüft werden sollen, zeigt freilich, dass der Geltung der Rechte enge Grenzen gesetzt sind: Sie gelten eben doch nicht bedingungslos, wie uns die Demokratietheorie vorgaukelt. Weil die regierende Mehrheit eine Rechtebeschneidung stets begründet mit deren absoluter Notwendigkeit, verweigern Verfassungsgerichte bloß selten ihre Zustimmung zu einer Rechtebeschneidung. Falls sie die Zustimmung doch verweigern, geraten sie unter schweren Druck der regierenden Mehrheit und ihrer Medien; die Verfassungsrichter werden dann als undemokratisch beschimpft, als unpatriotisch, als ein Hindernis bei der Ausübung der Macht im Sinne des für das ganze Volk Besten (ein aktuelles Beispiel ist die Justizreform in Israel).

Viele demokratische Staaten haben mehrere Kammern oder wählen die Parlamente nicht im Ganzen, sondern jeweils nur einen Teil der Abgeordneten. Auch diese Maßnahme soll ein Bremse sein, um es einer gegenwärtigen Mehrheit nicht zu leicht zu machen, sich ungehindert durchzusetzen. Und auch diese Maßnahme kann nicht anders interpretiert werden, als dass von der Mehrheit erwartet wird, schlechte, zumindest aber überhastete Entscheidungen zu treffen und der Minderheit zu schaden. Darauf komme ich gleich zurück.

4:27

Die stärkste Bremse für die regierende Mehrheit stellt die Bürokratie dar. Die Bürokratie ist zwar von der regierenden Mehrheit in der Vergangenheit eingerichtet worden und Teile des Personals wurden von einer früheren regierenden Mehrheit ins Amt befördert (der größere Teil allerdings kommt durch die Karriereleiter nach oben), das Personal der Bürokratie wird aber höchstens an der obersten Spitze mit der Wahl einer neuen Partei, einer neuen Koalition oder eines neues Präsidenten ausgetauscht.

Die Behäbigkeit der Bürokratie ist richtigerweise Gegenstand von Kritik und auch Spott, denn diese Behäbigkeit führt zu verschleppter Anpassung an neue Umstände und zu einem Mangel an Innovationsfreudigkeit. Gleichwohl hat diese Behäbigkeit auch eine gute Seite: Sie schützt die Bevölkerung und besonders jene Teile der Bevölkerung, die der Regierung *nicht* zugestimmt haben, vor Veränderungswut und Fehlentscheidungen der jeweils neu Gewählten.

Wie man zu der Behäbigkeit der Bürokratie steht, hängt vor allem davon ab, ob man den gegenwärtig Regierenden inhaltlich zustimmt oder eben nicht. Gehen wir aus rein illustrativen Zwecken von der ungeeigneten Rechts-Links-Achse der Politik aus, so ist man als ein Linker bei einer rechten Regierung heilfroh, wenn Richter und Bürokraten der Regierung so viele Steine wie möglich in den Weg legen, man beklagt genau dies aber, wenn eine linke Koalition an die Regierung kommt. Und umgekehrt.

4:28

In den letzten Jahren hat sich für diese politische Bremswirkung der Bürokratie der bereits analysierte Begriff *Deep State* eingebürgert. Allerdings wird der Begriff meist so eingesetzt, dass er es erschwert, die Bürde der Demokratie zu benennen. Dies hängt an den genannten beiden Problempunkten. Zum einen wird die Bremswirkung des Deep State (also der Bürokratie) als ein Demokratie-Defizit angeprangert, so als ob die Lösung darin bestünde, die Bürokratie der kompletten Kontrolle durch die Regierenden zu unterwerfen. Spätestens aber, wenn dann die *andere* Partei an den Drücker kommt, wünscht man sich hingegen einen starken Deep State und beklagt, dass die neue Regierung ungebührlichen Einfluss auf die Bürokratie (oder auf die Gerichte) nehme. Der andere problematische Punkt im Deep-State-Begriff ist die Unterstellung, dass das Personal der Bürokratie aus persönlicher Bosheit sich untereinander verschwöre, um der als das reine Gute verkörpernden Mehrheitsregierung das Leben schwer zu machen. Die Bremswirkung der behäbigen Bürokratie ist dagegen gar kein Ergebnis der Entscheidung von einzelnen Bürokraten oder der Bürokraten in ihrer Gesamtheit, sondern des bürokratischen Systems. Genauso wichtig ist freilich die Einsicht, dass die Bremswirkung des Deep State die nicht regierende Opposition vor der übergriffigen Regierung schützt. Denn die Regierung kann der Opposition schaden; und sie tut es.

4:29

An dieser Stelle wird das Thema des Schadens brisant. Weil die Regierungstätigkeit nicht nur zustimmende Personen betrifft – sie mithin (im Gegensatz zu Tätigkeiten auf dem freien Markt) keine freiwillige Kooperation darstellt –, ist es ihr inhärent, Einzelpersonen und Personengruppen zu schaden. Entgegen der Demokratietheorie heilt die Regel, die Mehrheit möge die Tätigkeit der Regierung bestimmen, das Problem des Schadens nicht. Vielmehr ist es für den, dem geschadet wird, völlig einerlei, ob die Zufügung von Schaden durch einen Kriminellen, durch einen Diktator oder durch einen von der Mehrheit gewählten Präsidenten erfolgt. Ich konnte auch zeigen, dass selbst Demokraten nicht davon ausgehen, Mehrheiten würden sich *per se* freundlich und rücksichtsvoll gegenüber der Opposition verhalten; ganz im Gegenteil, die Demokratietheorie selber geht wie gezeigt davon aus, die Mehrheit müsse mit Regeln

gehindert werden, die Opposition – Minderheit – zu unter-
drücken. Dass sie die Minderheit auch ausbeutet, ist etwas,
dass die gängigen Demokratietheorien nicht reflektieren.

4:30

Muss pragmatisch gesehen die Mehrheit entscheiden, auf
dass man nicht der Willkür Einzelner unterworfen sei?
Nun konnte ich zeigen, dass die Mehrheit nicht weniger
willkürlich entscheidet als der einzelne Diktator. Aber vor
allem ist darauf zu verweisen, dass es eine funktionierende
Alternative zur Demokratie gibt, den freien Markt. Hier
entstehen Unternehmen und Organisationen, die hoch-
komplex und innovativ sind, die Probleme lösen statt
schaffen, die die Balance halten zwischen dem Bewahren
des Bewährten und der Neuerung des Überlebten, und die
auf nichts anderes angewiesen sind als auf die freiwillige
Kooperation. Obwohl dieser freie Markt seit langem unter
der Knute der Politik steht, die ihn knebelt und hindert, wo
es geht, versorgt er uns alle und schafft Wohlstand, Sicherheit und Schutz natürlicher Ressourcen. Die Antwort auf
das Problem der Demokratie: Weniger Demokratie, dafür
mehr Markt wagen.

zu risiken und nebenwirkungen fragt man am besten
nicht einen virologen oder epidemiologen

5:1

Die Zeit von Corona diente etlichen Staaten, egal ob demokratisch verfasst oder auch nicht, als Anlass, eine ganz neue Form der Enteignung zu testen: Die Enteignung des persönlichen Risikomanagements kombiniert mit einer fast beispiellosen Missachtung produktiver Zusammenhänge. Die Alternative der Zukunft lautet: Aneignung der Selbstbestimmung oder Barbarei des Gesundheitsterrors. Da bei Amlinger und Nachtwey die Proteste gegen Corona-Maßnahmen eine wichtige Rolle in ihrer Typologisierung des «libertären Autoritären» spielen, gehe ich hier ausführlich auf die Corona-Maßnahmen ein, um erneut den Konnex von Wissenschaft und Herrschaft in das Bewusstsein zu heben. Aus dem Jahr 1975 stammt Ivan Illichs Schrift «Enteignung der Gesundheit», durch den Verlag später mit dem verharmlosenden Titel «Nemesis der Medizin» versehen.[1] Illich zeigt, dass die Analyse herrschaftlicher Überformung der Wissenschaft und der Medizin als eins ihrer gesellschaftlich wichtigen Teilgebiete nicht neu ist. Seinerzeit war Illich ein Liebling der linksliberalen Welt.
Andererseits ist Corona als bedeutendste Bedrohung der Menschheit so schnell aus den Analen der Geschichte verschwunden wie kaum eine übrige. Vorübergehend setzte sie sogar die Bedrohung durch den Klimawandel aus. Doch

---

[1] Nemesis, griechische Göttin des gerechten Zorns und der ausgleichenden Gerechtigkeit. Sie bestraft vor allem die menschliche Hybris, also Selbstüberschätzung. – Der neue Titel suggeriert, dass die Medizin sich rächt, der alte Titel besagte, dass der Staat die Gesundheit den Menschen wegnimmt.

dann kam der Angriffskrieg des russischen Staats gegen
die Ukraine und alles wurde anders. Corona spielte auf einmal keine Rolle mehr. Nun bekannten ehemalige Kriegsdienstverweigerer Reue, da sie die Vaterlandsverteidigung
delegitimiert hatten;[1] ein halbes Jahr, nachdem eine neue
Ministerin eine «feministische» Außenpolitik versprochen
und Plakate mit dem Slogan «Keine Waffen und Rüstungsgüter in Kriegsgebiete» geklebt hatte, setzte sie sich auch
ikonographisch im Kampfanzug als Kriegsherrin in Szene;
Corona und Klima waren keine Themen mehr. Doch gelang
es in diesem Fall nicht, die Klimaaktivisten ganz ruhig zu
stellen. Alle diese Vorgänge zeigen, dass Tagespolitik und
die Ausrufung tödlicher Bedrohungen nichts, aber auch gar
nichts mit Wissenschaft und schon überhaupt nichts mit
Folgerichtigkeit zu tun haben. Wenn dies Buch erscheint,
beherrscht vermutlich eine andere Erzählung der Herrschenden die Bühne. Insofern behandele ich die Corona-
Krise exemplarisch und vor allem darum, weil die Gegner
der staatlich-gewaltsamen Maßnahmen in Amlingers und
Nachtweys Konstruktion des «libertären Autoritarismus»
prominent vorkommen.

---

1 Stellvertretend: der Schriftsteller Ralf *Bönt*, der Sänger *Campino* der linken
Punkband «Die Toten Hosen» und der sozialdemokratische Bundeskanzler
Olaf *Scholz*, Kriegsdienstverweigerer aus Gewissensgründen, die erklärten,
heute würden sie nicht mehr verweigern. Bönt im «Freitag», online 22/2022
▷ freitag.de/autoren/der-freitag/ralf-boent-zum-ukrainekrieg-ich-wuerde-
den-wehrdienst-heute-nicht-mehr-verweigern; Campino, dpa-Meldung am
15.05.2022 ▷ zeit.de/news/2022-05/15/wegen-ukraine-campino-zweifelt-
an-wehrdienstverweigerung; und *last not least* Ampelmann Scholz, Meldung
am 04.05.2022 ▷ rtf1.de/news.php?id=32631. Ist denn Krieg heute weniger
menschenverachtend als damals? Oder andersherum: War die moralische
Verteilung von Gut und Böse damals weniger klar als heute? Die Generalamnesie dieser linksliberalen Waschlappen zeigt, wie sehr der Etatismus, seit
sie das Blut der Macht getrunken haben, ihr Denkvermögen beeinträchtigt.

Das Aufbegehren gegen autoritäre Experten beschreiben Carolin Amlinger und Oliver Nachtwey als eins der Hauptanliegen des libertären Protests. In diesem Zusammenhang nutzen sie den Begriff des «Konsensleugners», den sie freilich nicht selber geprägt haben, sondern zitieren. Nun ist die Wortkoppelung mit «-leugner» in den letzten Jahren ein verbreitetes rhetorisches Instrument geworden, um Menschen mit anderen als den herrschenden Meinungen, den Meinungen der Herrschenden, für Dummbacken auszugeben. Hierbei wird geflissentlich «übersehen», dass der Typus des Leugners auf solche Menschen zurückgeht, die angesichts der peinlichen Befragung durch die Inquisition dennoch fortfuhren, die Wahrheit der einzig richtigen und auf Vernunft gebauten Kirche zu leugnen. Trotz Folter! Man stelle sich das einmal vor! Da präsentiert man ihnen die reine Wahrheit, fügt ihnen, um ihrem Denken ein wenig nachzuhelfen, noch etwas körperlichen Schmerz zu, und gleichwohl halten sie fest an der Unwahrheit. Das kann doch nur mit dem Teufel zugehen! Aber was ist um Gottes willen ein Konsensleugner? Sicherlich glaubt nach Ansicht der Inquisitoren alle Welt (fast) ausnahmslos an die Wahrheit der *einen* unfehlbaren Kirche; der Leugner stört den Konsens. Wie aber kann man den Konsens leugnen?

Im Begriff des Konsensleugners geht es darum, dass der Leugner den Konsens innerhalb einer externen Gruppe von Autoritäten leugnet, das heißt den Konsens unter Experten und Wissenschaftlern. Es gibt ein Gremium dieser Autoritäten, in welchem ein absoluter Konsens bezüglich gewisser Aussagen herrscht; aber der Leugner leugnet das. Er tut das dadurch, dass er Wissenschaftler oder Experten benennt, die der herrschenden Aussage nicht zustimmen; diese von ihm benannten Experten oder Wissenschaftler sind jedoch keine Mitglieder desjenigen Gremiums, dem der Anspruch auf unfehlbare Wahrheit zugebilligt wird. Zugebilligt wird, von wem? Bei genauem Hinsehen lautet die Antwort: Vom Staat, dem Sachwalter der Wahrheit in der Erbfolge der Kirche. An anderer Stelle nutzen Amlinger und Nachtwey statt Konsensleugner den Begriff «Wissenschaftsleugner:innen». (Ich möchte darauf hinweisen, dass die beiden den *Konsensleugner* anders als andere Personenbezeichnungen nicht gendern. Handelt es sich ihnen nach bloß um Männer? Leugnen sie gar, dass Frauen ebenfalls prominent sind unter Konsensleugner:innen? Gehen sie so weit, Teufel noch mal?)

AMLINGER & NACHTWEY: Wissenschaftsleugner:innen ziehen «unbestreitbare Erkenntnisse in Zweifel».[1]

Aber: Wer legt fest, was «bestreitbar» wäre und was nicht bestritten werden kann? Offensichtlich kann es bestritten werden; dies aber durch Personen, die der Staat nicht als Vertreter der Wissenschaft oder als Experten klassifiziert. Wissenschaft habe, sagt der Begriff des Konsensleugners, immer Recht. Jedenfalls solange sie mit der Meinung der aktuell Herrschenden übereinstimmt. In Wirklichkeit geht es nicht um Wissenschaft. Es geht um Herrschaft und um deren Unantastbarkeit. Der hochheilige Konsens ist ebenso erzwungen wie auch eine Fata Morgana.
Freilich ist der Begriff des Konsensleugners ein doppelschneidiges Schwert in den Händen der Konstrukteure des sozialen Konsenses, der das Protestmilieu ausschließt. In einigen Fragen stellt die Meinung der heute Herrschenden sich bewusst gegen den Konsens der wissenschaftlichen

---

1 Amlinger & Nachtwey, S. 125.

Community, sei es die Frage der Wahrheit der Mathematik (der die herrschende Meinung Kolonialismus, Rassismus und Sexismus vorwirft), der Zweigeschlechtlichkeit (an deren Stelle die herrschende Meinung die Beliebigkeit der Geschlechtszuordnung setzt) oder der Klimaneutralität der Atomkraft (der gegenüber die herrschende Meinung an deren Schädlichkeit festhält). (Disclaimer: Dies ist eine nur beschreibende Aussage, keine inhaltliche Stellungnahme zu den beispielhaft angeführten Fragestellungen.) Falls die logische Konsistenz selber ins Visier der Konstrukteure des sozialen Konsenses gerät, ist die Benennung solcher Widersprüche natürlich ihrerseits wiederum nur Ausdruck von Konsensleugnertum.

5:3

Den Begriff des Konsensleugners prägte (soweit ich es überblicke) Alexander Bogner 2021. Amlinger und Nachtwey zitieren ihn mit der Aussage,

> **BOGNER:** Konsensleugner führen «einen ideologischen Feldzug gegen die Kolonialisierung [!] der Gesellschaft durch die Wissenschaft».[1]

Dieser Satz irritiert. Die Wendung «ideologischer Feldzug» klingt negativ, die Wendung «gegen die Kolonialisierung der Gesellschaft durch die Wissenschaft» passt dazu aber nicht: Denn wer wollte für Kolonialisierung eintreten? Wollen die Autoren via Bogner sagen, «Kolonialisierung» von irgendetwas durch irgendwen sei ein erstrebenswerter Vorgang? In der Tat ist Bogner selber nicht so eindeutig wie Amlinger und Nachtwey. Bogner hält die Konsensleugner

---

[1] Amlinger & Nachtwey, S. 346f. Im Original (vgl. S. 124, Fn. 1) überprüft.

und das Umfeld ihrer Protestbewegungen zwar für gefähr-
lich, aber er gesteht auch zu, dass ihre Herausforderung des
Konsenses für die Gesellschaft heilsam und für die Demokratie notwendig sei. Er ruft dem herrschenden Trend entgegen dazu auf, die Wissenschaft wieder zu entpolitisieren,
da seiner Analyse nach deren Verquickung mit Herrschaft
nicht gut gehen kann. Nach Bogner sind Konsensleugner
nicht die Ursache des Problems, sondern sie sind der Ausdruck der gesellschaftlichen Fehlentwicklung in Richtung
der Politisierung von Wissenschaft – genauer gesagt: der
Instrumentalisierung der Wissenschaft für herrschaftliche
Entscheidungen. Insofern steckt für Bogner in dem Impuls
des konsensleugnerischen «Feldzugs» (ein martialischer
Begriff für meist doch ziemlich harmlose Proteste) gegen
die Kolonialisierung der Gesellschaft durch Wissenschaft
auch etwas Gutes;[1] den Aspekt in Bogners Argumentation
aber unterschlagen Amlinger und Nachtwey. Wobei auch
Bogners Formulierung unzutreffend ist: Nicht Wissenschaft kolonialisiert die Gesellschaft, sondern Instanzen
der Staatsgewalt benutzten Wissenschaft für ihr Streben
nach Kolonialisierung der Gesellschaft.

5:4

Als für die Wissenschafts- oder Konsensleugner grund-
legenden Denker führen Amlinger und Nachtwey Paul
K. Feyerabend an.[2] Feyerabend war, obwohl dezidiert kein
Marxist (vielmehr stammte er aus der von Marxisten als
positivistisch verschrienen Schule Sir Karl Poppers), in den
1970er Jahren ein Star der weltweiten linken Szene. Zu
der Zeit seiner größten Wirksamkeit hatte er Lehrstühle an

---

1 Vgl. Alexander Bogner, *Die Epistemisierung des Politischen: Wie die Macht
des Wissens die Demokratie gefährdet*, Ditzingen 2021, S. 94ff.
2 Amlinger & Nachtwey, S. 124f. (Was für eine Koinzidenz der Seitenzahl!)

mehreren Universitäten in den USA, der Schweiz und der Bundesrepublik Deutschland inne. Vorübergehend nannte er seine Wissenschaftstheorie *anarchistisch*, bevorzugte jedoch dann das Adjektiv *dadaistisch*. Detailreich zeigte er auf, weswegen es eine sinnvolle Epistemologie nicht geben könne, inwiefern Wissenschaftler unweigerlich gegen von ihnen selber aufgestellte Methodenlehren verstoßen, sowie schließlich dass der akademische Betrieb nebst dessen Wahrheitsanspruch nichts seien als ein Machtpoker. Dies gelte nicht nur für die Sozial-, sondern auch und allen voran für die Naturwissenschaft (Feyerabend war ursprünglich Physiker). Ich stimme mit Feyerabend nicht in jedem Punkt überein; aber als indiskutabel kann man ihn nicht abtun, dazu sind seine Argumente zu gut untermauert; obwohl er bloß spielerisch provozieren wollte.

Freilich mutet es seltsam an, dass Amlinger und Nachtwey Feyerabend so sehr hervorheben, denn nach meiner Übersicht spielt er im Milieu des Protests, das sie beschreiben, leider keine Rolle mehr. Wie ich vermute, liegt dies daran, dass das Protestmilieu von einer hohen Wissenschaftsgläubigkeit geprägt ist. Dort herrscht gerade kein Wissenschaftsleugnen vor; im Gegenteil, den Entscheidungen der Herrschenden wird vorgeworfen, dass sie auf willkürliche, nicht wissenschaftlich belegte Hypothesen zurückgreifen, denen gegenüber das Protestmilieu darauf pocht, die Entscheidungen mögen an wissenschaftlich erwiesene Fakten gebunden werden. Um noch einmal auf die Analogie zu den Glaubenskämpfen zurückzukommen: Mit Hilfe von Feyerabends Wissenschaftstheorie wäre es möglich, sowohl die Verfechter der herrschenden Meinung als Glaubenskrieger zu kennzeichnen wie ebenfalls die Verfechter der zur Herrschaft strebenden Meinung; schließlich unterdrückte nicht bloß die katholische Kirche Abweichler von der Wahrheit;

die protestantischen Renegaten beeilten sich oft genug, ihr nachzueifern. Feyerabends Wissenschaftstheorie könnte viel dazu beitragen, das Protestmilieu libertär aufzuklären, nämlich den Herrschaftsanspruch der Wissenschaft und deren Politisierung (Instrumentalisierung im politischen Tagesgeschäft) generell in Frage zu stellen.

5:5

Im Sinne eines Festhaltens am Herrschaftsanspruch der Wissenschaft, also der wissenschaftlichen Begründbarkeit herrschaftlicher Entscheidungen, kann man im aktuellen Protestmilieu von autoritären Tendenzen sprechen. Dies ist freilich nicht der Sinn, den Amlinger und Nachtwey anprangern, denn diese autoritären Tendenzen entspringen nicht dem libertären Denken, vielmehr einem Denken im aktuellen Protestmilieu, welches vom libertären Impuls der Freiheit (noch?) nicht durchdrungen ist. Nicht zu libertär ist das Denken in diesem Protestmilieu, sondern zu wenig libertär. Zu wünschen wäre eine Entwicklung weg vom herkömmlichen Autoritarismus (für den Amlinger und Nachtwey stehen), hin zu konsequent libertärer Orientierung.

5:6

Wie kommen die politischen Entscheidungen im Alltag an? Da findet Entverantwortlichung statt. Dies illustriere ich mit einer fiktionalen Szene aus dem Jahr 2020.[1]
So machen das die vier Frauen: Immer mittwochs treffen sie sich bei einer, kommen allerdings zeitlich so versetzt an, dass niemand Verdacht schöpft. Sie treffen sich, um Canasta zu spielen. Die vier Frauen dieser kriminellen Ver-

---

[1] Wobei die Realität mitunter noch grotesker aussah. Man denke daran, dass man nicht allein auf einer Parkbank sitzend ein Buch lesen durfte. Der Ansteckungsgefahr wegen.

einigung gehören zur Hochrisikogruppe, sind chronisch krank, wohnen jedoch noch zu Hause, allein. Keine der Frauen zweifelt an den Meldungen und Meinungen, die in den herrschenden Medien, den Medien der Herrschenden, verbreitet werden. Die Maßnahmen gehen ihnen nicht weit genug, sie müssten viel strenger sein und außerdem schärfer überwacht werden. Die höchste Ansteckungsrate gibt es, wie sie wissen, nicht ohne Grund in den AfD-Hochburgen, wo die sinisteren Coronaleugner wohnen. Ihren Canasta-Tag lassen sie sich aber nicht nehmen; er ist der Höhepunkt in ihrer Woche. Und wenn wir uns anstecken? Was soll's, sterben müssen wir sowieso mal und besser, zuvor Canasta gespielt zu haben, als ganz einsam, jetzt, wo sogar die Enkel uns nicht besuchen dürfen. Das geht entschieden zu weit. Wir sind schließlich vorsichtig, was soll schon passieren? Das Schlimmste, was sie sich vorstellen können, ist, dass die Polizei kommt und ihre Karten beschlagnahmt. Mehr wäre bei ihnen eh nicht zu holen.

Die vorherrschende sozialpsychologische Folge politischer Maßnahmen zur Eindämmung der Corona-Ausbreitung besteht darin, dass die Handelnden sich nicht mehr fragen, welche Risiken sie *sinnvoll* für sich und ihre Angehörigen und Mitmenschen eingehen wollten, sondern was *legal* ist. Man tut das Legale (unabhängig davon, ob sinnvoll oder nicht) und lässt das Illegale (unabhängig davon, ob es bedenkenlos getan werden könnte oder nicht). Im zweiten Schritt fragt man sich, wie ein bestehendes Verbot sich *umgehen* lässt, wenn das, was man tun will, einem hinreichend wichtig erscheint, und wenn die bei der Zuwiderhandlung drohenden Strafen nicht allzu drastisch sind.

Umgekehrt müssen jene, welche die entsprechenden Maßnahmen gestalten, sich vor allem fragen, ob sie «durchsetzbar» seien. Falls es droht, dass zu viele Menschen gegen sie verstoßen werden, können sie objektiv so sinnvoll sein, wie sie wollen, der Versuch, sie zu implementieren, käme aber dem politischen Suizid gleich. Das gleiche Kalkül erfordert es, eine Ahndung bei Zuwiderhandlung festzusetzen. Den kriminellen Canasta-Hedonist:innen, falls sie denn trotz aller Vorsicht durch eine:n Nachbar:in denunziert werden, 50 € abzuknöpfen, wird hingehen; sie jedoch einzusperren oder zu internieren, könnte selbst bei ansonsten mit den Maßnahmen einverstandenen Mitbürgern auf ein solches Unverständnis stoßen, dass die Legitimität der Regierung ins Wanken gerät. Unsere Canasta-Hedonist:innen zählen sich ja nicht zum Widerstand; doch wäre es denkbar, dass sie sich «radikalisieren» – oh!, was für ein fürchterliches, was für ein gefürchtetes Wort! –, sofern die Staatsgewalt effektivere Maßnahmen ergreift, um ihr illegales Treiben zu unterbinden. Von Michel Foucault wissen wir, dass die Staatsgewalt einer Schicht von Kriminellen bedarf, an der sie Willen und Fähigkeit zur Repression demonstrieren kann; zugleich darf jene aber nicht so weit anwachsen, dass sie die Existenz der Staatsgewalt tatsächlich gefährdet.

5:7

An den Canasta-Hedonist:innen lässt sich der erste Grundsatz politischer Ökonomie der Staatsgewalt festmachen: Maßnahmen müssen *politisch* (nicht sinnvoll, vernünftig oder «wissenschaftlich») kalkuliert werden. Leitfrage: Was ist durchsetzbar?
Darüber hinaus gehört zum politischen Kalkül die Frage: Was nützt uns? Die Frage zerfällt in zwei Unterpunkte: Was nützt eine Maßnahme uns im Sinne des Machterhalts? Und: Was nützt eine Maßnahme uns im Sinne der Bedienung von gesellschaftlichen Interessen, die als Stütze der Staatsgewalt unverzichtbar oder erwünscht sind? Die

Bedienung der gesellschaftlichen Interessen bezieht sich vornehmlich auf die Gewährung ökonomischer Vorteile. Die Maßnahmen schädigen oder zerstören gar politisch unrelevante oder missliebige Branchen, oder Branchen, die anderen Branchen im Wege sind: nutzen diesen anderen Branchen. Auf dem Ruin des Einzelhandels baut sich das Imperium des Onlinehandels und der Paketzusteller auf. Es ist politisch klug, hierüber zeitgleich zu jammern und damit die Erhebung von Zusatzsteuern auf Onlinehandel und Paketzustellung zu fordern; schließlich will der Staat seinen Anteil an der Beute sicherstellen. Die politische Ökonomie der Staatsgewalt ist ein Trade-Off zwischen verschiedenen Interessengruppen und Inhabern der Macht, *vulgo* Regierung. Staatsgewalt lässt sich auf keine sonstige Weise organisieren.

Natürlich dürfen die Maßnahmen die ökonomische Basis selber nicht treffen. Auch wenn sich herausstellen sollte, dass das Virus vornehmlich beim Wasserwerken oder beim Stromerzeugen verbreitet würde, könnten Wasserwerke und Energiekonzerne nicht «geshutdownt» werden. Das gleiche gilt für die Herstellung und Verteilung von Lebensmitteln. Und, natürlich, für die medizinische Versorgung. Schließlich für pharmazeutische Forschung. Wo kriegen wir sonst den Impfstoff her? In vermeintlich nicht systemrelevanten Branchen wurde besonders von Gewerkschaftsseite, wenn deren Öffnung zur Diskussion stand, heftig kritisiert, der zu laxe Staat spiele mit der Gesundheit und dem Leben der Angestellten, um andern gesellschaftlichen Interessengruppen wie den Unternehmern gefällig zu sein. Die gleiche Kritik schwieg betreffend des Klinikpersonals. Hier wird, zynisch gesprochen, mit dem Leben Gesunder gespielt, um Kranken zu helfen. Die Maßnahmen schaffen demzufolge zwei Klassen von Mitarbeitern, die einen, die nicht arbeiten dürfen, um sie gesundheitlich zu schützen, und die anderen, die arbeiten müssen, selbst wenn sie hierdurch erhöhten Gesundheitsrisiken ausgesetzt sind. Der Zufall ihrer Berufswahl hat sie in die eine oder die andere Klasse verschlagen.

Der Unterschied zwischen notwendigem und unwichtigem Konsum scheint schlüssig und logisch zu sein, solange man nicht nachfragt, wer ins Töpfen und wer ins Kröpfchen gehört. Kein Mensch braucht Canasta. Sicherlich kann jede der Frauen der Canasta-Gangster weiterleben, selbst wenn die Staatsgewalt ihr Spiel unterbricht. Aber wollen sie das? Kunst & Musik oder kulinarische & spirituelle Genüsse sind verzichtbar für Banausen, wie es Politiker:innen und Virolog:innen sind. Für Künstler, Musiker, Maler, Köche, Barkeeper und deren Kunden gilt das weit weniger.

Und stellen wir uns eine Forscherin vor, die einem bahnbrechenden Medikament gegen Corona auf der Spur ist. Sie arbeitet schwer und schläft kaum. Ein Mal in der Woche schlüpft sie aber in die Rolle eines Mannes und bedient in einem SM-Klub schwule Masochisten. Pervers und völlig überflüssig. Doch nimmt man ihr diese überflüssige Freude weg, verfällt sie der Melancholie, hat keine Ideen mehr, die Forschung kommt nicht weiter, ihr Durchbruch bleibt der Welt vorenthalten. Zu hoch gestochen? Nehmen wir einen Paketzusteller mit «Migrationshintergrund». Bescheiden spart er fast alles von dem wenigen, was er verdient. Ein Mal im Jahr aber gönnt er sich den Luxus, seine Eltern in der fernen Heimat zu besuchen und ihnen auch etwas vom Ersparten mitzubringen. Nimmt man ihm das weg (Reiseoder Flugverbot!), meldet er sich krank und lebt fortan von Transfergeld. Was ist notwendig? Was ist systemrelevant? In Wahrheit stammt jene Unterscheidung zwischen notwendigem und unwichtigem Konsum aus dem Arsenal der

Bevormundermenschen. Ihre Maßnahmen genügen dabei nicht den einfachsten Regeln der Logik. Warum sollte die Gefahr, uns anzustecken, größer sein, wenn wir den Kaffee bei Tchibo als in einem Supermarkt kaufen? Warum diejenige kleiner sein, wenn wir ein Buch im Buch- als Blumen im Blumenladen kaufen?

5:8

Maßnahmen werden diskutiert, als seien sie wissenschaftlich abgesichert und gesellschaftlich alternativlos. Dabei wechselt das, was nicht anders sein kann & darf und worin alle Wissenschaftler aller Fachrichtungen & aller Welt sich einig sind, schnell, manchmal von Woche zu Woche. Im Anfang des Jahres 2020 war Deutschland gut gerüstet, das Virus bedrohte uns nicht, Maßnahmen seien nicht notwendig, schon gar keine Grenzschließungen (das war nämlich die rechtspopulistische Forderung der AfD); wer von einem kommenden Lockdown sprach, war Verschwörungstheoretiker. Mal wieder hatte niemand die Absicht, eine Mauer zu bauen. Wer beim Einkaufen eine (Stoff-) Maske trug, wurde abschätzig belächelt. Die WHO hatte schließlich erklärt, diese seien nutzlos. Der Lockdown kam, die Mauer ist nun ja auch gebaut worden. Stoffmasken waren plötzlich nicht nur wirksam, sondern wurden zur Pflicht; schließlich gab sogar die WHO, die sich lange gesträubt hatte, nach und erklärte die Stoffmasken für nützlich, bis dann die Stoffmasken jäh unwirksam wurden und bloß noch FFP2-Maken halfen. Nach der ersten Welle erklärte der Gesundheitsminister, mit den über die Wirkungen des Lockdowns gewonnenen Erkenntnissen würde es selbst im Falle einer zweiten Welle keine Notwendigkeit mehr geben, einen solchen erneut zu verhängen, bis dann der zweite Lockdown verhängt wurde. Die Kaiserin namens Wissenschaft hatte ein Machtwort gesprochen. Die Politik konnte nichts dafür. Aber sie ist nackt.

Bei aller «Alternativlosigkeit» blieb völlig auf der Strecke, dass in den Staaten ganz unterschiedliche Maßnahmen ergriffen wurden, in föderal organisierten Staaten wie der Schweiz, den USA und der BRD gab es teils regional unterschiedliche Maßnahmen. Auswertungen der Erfahrungen wurden selten vorgenommen und kaum zur Diskussion gestellt. Ad-hoch-Erklärungen dominierten die Diskussion bis hin zu absurden Behauptungen, wie: Länder, die von Regierungschefinnen geführt werden, seien besser durch die Krise gekommen; oder: Länder, deren Regierungen die Grenzen bereits für Migranten dicht hielten, hätten damit auch das Virus draußen vor gelassen. Die nächsten Wellen schwemmten diese linken und rechten Vermutungen fort.

5:9

Es gab eine einzige stetige Herausforderung und das war ausgerechnet das sozialstaatliche Musterland Schweden, das wie das berühmte kleine gallische Dorf dem Imperium Romanum dem Corona-Imperium mutig die Stirn bot. Bei uns wurden triumphierend hohe Todes- und Fallzahlen wegen in Schweden fehlender Maßnahmen ins Feld geführt, während gleich hohe oder höhere Todes- und Fallzahlen in anderen Ländern trotz Maßnahmen zu beklagen waren. Die Präpositionen haben es in sich, auch wenn sie harmlos tun. Sie beinhalten nämlich eine Kausalitäts-Unterstellung, die durch die Zahlen an sich nicht belegt werden kann. Hämisch wurde auf den Vergleich mit dem besser dastehenden Nachbarn Norwegen verwiesen und, in der ersten Welle, ebenso auf Deutschland. Dass aber Deutschland und Norwegen bei ähnlichen Maßnahmen in beiden Wellen signifikant unterschiedlich starke Verläufe aufwiesen, fiel unter den Tisch. Ab der zweiten Welle wurde es um die Anklage Schwedens stiller; dennoch hängt der Vorwurf im Raum: «Schweden hat seine Alten geopfert.» Will sagen: Egoistisch und herzlos ließen die Jungen, um bei Shopping & Wollust *fun* zu haben, die Alten krepieren. Kehren wir noch einmal zu der Runde Canasta spielender Frauen zurück. Was ist herzlos und egoistisch, die Frauen, damit sie (möglicherweise) etwas länger leben, für ihren eigenen Schutz zu isolieren und bei Widerstand zu internieren, oder gewähren zu lassen, so dass sie die Risiken eingehen dürfen, die sie selber wählen, um sich Lebensfreude bis zum Lebensende zu erhalten?

Wenn heute als nahezu einziger Parameter, auf den zu schauen sei, die Lebenszeit gilt, fragt sich, welche Lebensqualität am Ende des Lebens hinzugewonnen wird, sofern man hierfür gegenwärtige Lebensqualität opfert? Dies ist eine persönliche Frage des eigenen Risikomanagements, in die keiner mit Gewalt intervenieren darf. In Diskussionen markiert diese Frage meist den Punkt, an dem die jungen Corona-Toten (und -Geschädigten) herbeizitiert werden. Die sind jedoch statistisch gar nicht relevant. Als Einzelschicksale sind sie relevant; und für sie, besonders aber für die Angehörigen, stellen sie eine Tragödie dar. Doch jeden Tag gehen alle Menschen, gerade junge Menschen, Risiken ein, die sie gegen das Risiko abwägen, untätig zu bleiben. Schon der Schritt nach draußen und die Teilnahme am Straßenverkehr stellt ein Risiko dar; Arbeit, Sport, Trink-, Ess- und Reiseverhalten, ja selbst die Partnerwahl, alles das beinhaltet jeweils statistisch zu beziffernde Risiken. Viele Unfälle ereignen sich übrigens zu Hause, viele Homizide und Körperverletzungen passieren in der Privatsphäre, sodass auch die Oblomow-Strategie bei Licht betrachtet gar keine Sicherheit bietet.

Falls sich zeigen sollte, dass Diktaturen besser durch die Pandemie kommen, sollten wir dann für eine:n Diktator:in votieren? Das Versprechen der Demokratie lautet ja nicht, ein Luxus zu sein, wenn gerade keine Probleme anfallen, sondern dass sie in der Lage sei, besser als andere Staatsformen mit Problemen fertig zu werden. Dies Versprechen ist freilich haltlos, aber nicht in Relation zur Diktatur, vielmehr in Relation zur Freiheit. Freiheitsrechte wurden aber ebenfalls nicht erkämpft, um in den Schönwetter-Perioden zu gelten, vielmehr wenn der Gewittersturm losbricht. Bezeichnenderweise kippte die Stimmung der herrschenden Meinung (Meinung der Herrschenden), als das einstige Musterland der Corona-Maßnahmen, die VR China, auf den verzögerten Ausbruch mit diktatorisch konsequenter Anwendung genau der Instrumente antwortete, die einige Monate zuvor in den westlichen Demokratien (außer Schweden) als «alternativlos» galten, die aber auf Grund der demokratischen oder föderalen Machtbeschränkung nicht mit der nötigen Konsequenz durchzusetzen seien; man beklagte, dass die No-Covid-Strategie an verfassungsrechtlichen Bedenken scheiterte: Nun war diese Strategie Kennzeichen der ... Diktatur und darum verabscheuungswürdig. Ein folgerichtiges Denken ist keine demokratische Tugend.

Die Konzentration der Staatsgewalt auf die Gesundheit als dominantem Wert, den es vernünftigerweise anzustreben und (gesamt-) gesellschaftlich zu sichern gelte, bahnt sich seit langem an, erhielt jedoch durch die Zeit von Corona einen unerwartet schnellen und heftigen Schub. Der erste Durchbruch des puren Gesundheitsterrors gelang mit der Nichtraucherbewegung. Inzwischen wird deutlich, dass sie kein isoliertes Phänomen darstellte, vielmehr den Beginn immer neuer Wellen markierte, im Laufe derer die Bevormundermenschen irgendetwas, meist einen Stoff, einen Stoff zum unmittelbaren Genuss, zur Produktion oder zum Schutz, inzwischen jedoch sogar menschlichen Kontakt selbst, als speziell gesundheitsgefährdend identifizieren. Eine solche Identifikation als gesundheitsgefährdend zieht zwangsläufig die Forderung nach sich, den benannten Stoff oder das benannte Verhalten sofort und flächendeckend zu verbieten. Gesundheit wird bei Bevormundermenschen derart zum herrschenden Wert wie es das Wirtschaftswachstum für die Entwicklungspolitiker aller politischen Richtungen im Laufe der Industrialisierung war.

Auf wirtschaftlicher Seite gelten Ausgaben für das Gesundheitswesen nun als sakrosankt. Ein Aufschrei behauptet immer wieder, das Gesundheitswesen werde «totgespart» durch Neoliberale, die wagen, zu Effizienz und sparsamem Umgang mit Ressourcen zu mahnen. Während ansonsten Ressourceneinsparung ganz oben auf der Agenda der Bevormundermenschen steht, darf diese das Gesundheitswesen nicht betreffen. Dass das Gesundheitswesen in allen Ländern der Erde unter staatlicher Aufsicht steht oder fast gänzlich vom Staat organisiert wird, wird schlechterdings *geleugnet*; ebenso fällt völlig unter den Tisch, dass die Ausgaben für Gesundheit nicht gesunken, sondern gestiegen sind. Die Behauptung der Bevormundermenschen müsste lauten, dass den handelnden Wirtschaftssubjekten ihre eigene Gesundheit trotzdem noch ungenügend wert sei – ungenügend gemessen nicht am Maßstab der Betroffenen, vielmehr an dem der Bevormundermenschen. Aber Obacht: Die Wirtschaftssubjekte üben meistens gar nicht die Kontrolle über die Aufwendungen fürs Gesundheitswesen aus, weil die Bevormundermenschen diese Kontrolle via Staatsgewalt inne haben; und die Aufwendungen legen die

Regierungsbudgets oder gesetzlichen Krankenkassen fest. Allerdings ist die Absolutsetzung eines gesellschaftlichen Wertes – Wirtschaftswachstum, Umwelt- oder Klimaschutz, Gesundheit, Bildung, Forschung usw. – nicht nur denen gegenüber Unrecht, die den je vorherrschenden Wert nicht teilen, sondern auch von doppelter Moral gekennzeichnet: Ohne Produktion sowie technischen und wissenschaftlichen Fortschritt lassen sich Kranke nicht versorgen und heilen, Umwelt und Klima nicht schützen. Und sind Selbstverwirklichung und Lebensfreude keine existenziellen Werte? Ressourcen auf einen Bereich zu konzentrieren, macht diesen Bereich zum Problemfall. Das ist immer so, wenn die Allokation von Ressourcen politisch im Gerangel der Interessengruppen geregelt wird.

5:11

Die Zeit von Corona ließ – vorübergehend? – eine Berufsgruppe zu den Stars der Politikberatung werden, von der zuvor die meisten Menschen noch nie etwas gehört hatten: Virologen. Haben Virologen mit ihrer professionalisierten Oblomow-Strategie die Herrschaft übernommen?[1]
Sicherlich nicht. Die Politik bedarf dieser Anlässe, um eine Kontrollillusion aufrecht zu erhalten. Niemand braucht Politiker, wählt Politiker, alimentiert Politiker, wenn sie nicht versprechen, Krisen aller Art unter Kontrolle halten zu können. Meist stellt diese Kontrolle jedoch eine Illusion dar, das heißt, Politik ist nicht mehr als Hokuspokus. Der Schamane lässt seine Leute so lange tanzen, bis es regnet, und beweist so, dass der von ihm angeleitete Regentanz den Regen herbeiführt. Keiner würde dem Schamanen den

---

1 *Oblomow* (1859), Roman von Iwan Gontscharow. Der Titelheld verbringt das Leben in Apathie und Lethargie. Nach seinem Tod fasst sein Freund zusammen: «Er ist um nichts zugrunde gegangen.»

Unterhalt besorgen oder ihm auch bloß zuhören, wenn er die Achseln zuckt und sagt, Regen kommt, Regen geht, egal was ihr tut. Die Herrscher bis hin in die Neuzeit umgaben sich mit Astrologen, von welchen sie meinten, Planungssicherheit zu erhalten. Ging es gut, verdienten sie sich eine goldene Nase; sonst verloren sie ihren Kopf.

Virologen haben die Funktion der Schamanen oder Astrologen übernommen,[1] nicht die Herrschaft selber. Denn sie dienen der Herrschaft zu deren Rechtfertigung und entspringen der Logik dieser Rechtfertigung. Die Virologen – in einigen Staaten stattdessen Epidemiologen – stehen der Regierung nicht zur Seite, sie werden ihr zur rechten Seite berufen, und das ist gleich das erste Problem: Nach welch einem Kriterium berufen die Regierenden den einen oder anderen Wissenschaftler? Dies kann nur ein politisches und kein wissenschaftliches Kriterium sein, denn «die» Wissenschaft gibt es nicht; es gibt Wissenschaftler, die – und dies ist Teil der Definition von Wissenschaft – unterschiedlicher Auffassung sind und gegen- oder miteinander um Wissen (Erkenntnis) ringen. Neben unterschiedlichen Auffassungen innerhalb *einer* Wissenschaft es gibt darüber hinaus Wissenschaften, die einen je eigenen Blick auf den gleichen Gegenstand haben – im Falle der Pandemie Allgemein- und Intensivmedizin, Epidemiologie, Hygienik, Immunologie, Infektiologie, Klinikmanagement, Lungenfachkunde, Parasitologie und Virologie, zudem Soziologie, Psychologie, Ökonomik, Biologie. Unter den Fachgebieten treffen die Regierenden eine politische Auswahl, gerade weil es keinen Konsens zwischen den Wissenschaften gibt, nicht geben kann und nicht geben darf. Dennoch wird, so-

---

[1] Disclaimer: Ich intendiere keine Herabwürdigung von Schamanen oder Astrologen; die Bemerkung ist eine Reminiszenz an Paul K. Feyerabend, der sie den Wissenschaftlern gleichgestellt sehen wollte.

bald die politische Entscheidung für *einen* Wissenschaftler
und *sein* Fach herrschaftlich fällt, die kommunikative An-
strengung der herrschenden Meinung (Meinung der Herrschenden) darauf gerichtet, glauben zu machen, es gäbe
nur *eine* wissenschaftlich korrekte Linie. Jede Abweichung
ist heterodox, querulantig, fachlich unqualifiziert, bös-
willig verzerrend, selbst dann, wenn die wissenschaftlich
korrekte Linie täglich per Kabinettsbeschluss geändert
wird. Eine falsche Voraussage, ein Rechenfehler, eine un-
bedachte Äußerung von *einem* Abweichler stempelt man
zum Vergehen der *ganzen*, angeblich homogenen Gruppe,
während man umgekehrt skandalöse Äußerungen oder
krasse Fehleinschätzungen von Seiten der Regierenden
und ihrer Wissenschaftler völlig leugnet oder höchstens als
persönliches Missgeschick oder persönlichen Fehltritt erwähnt; das dürfe man nicht *pars pro toto* auf Protagonisten
der korrekten Linie übertragen.

5:12

Derweil fühlen die Abweichler sich zunehmend in die Ecke
gedrängt oder gar verfolgt. Diese konstituieren das Milieu,
das Amlinger und Nachtwey stigmatisierend beschreiben.
In der Debatte bemühen beide Seiten krude historische
Vergleiche. Die korrekte Linie stigmatisiert Abweichler als
rechts, als faschistische Gefahr für's Gemeinwesen. Einige
Abweichler verfallen auf den ebenso schiefen Vergleich, indem sie sich in der Rolle der «Verfolgten des dritten Reichs»
darstellen. Hiermit machen sie es den Protagonisten der
korrekten Linie leicht, jegliche Abweichungen von ihr zu
delegitimieren. Erleichtert lehnen sie sich zurück, wähnen
die Kuh von Eis. Zumal ja die offene Debatte erlaubt und
keiner erschossen wird, obzwar in den Social Media der
eine oder andere sich in Exekutionsphantasien ergeht. Be-

zeichnenderweise gilt dies dann weder als Hate Speech noch als ein Grund, vereinzelte derartige Äußerung nun in die Verantwortung *aller* Protagonisten der korrekten Linie zu legen. Anders im umgekehrten Fall: Hasskommentare irgendwo werden *jedem* Abweichler angekreidet.

Die historischen Vergleiche sind deswegen schief, weil die Staatsgewalt nicht mehr mit unmittelbarer körperlicher Repression agiert, sondern geschickt wie noch nie zuvor das ökonomische Instrument einsetzt. Die Wissenschaft befindet sich fast vollständig in der Hand der Staatsgewalt; diese finanziert die Wissenschaft völlig oder aber im Verein mit staatsnahen Unternehmen; größtenteils organisiert sie sie auch. Anzunehmen, dass finanzielle Abhängigkeit keine Auswirkung auf die Wissenschaftler dahingehend habe, ihre Kritik an der Staatsgewalt zu bremsen, hieße, jede materialistische Soziologie («das Sein bestimmt das Bewusstsein») außen vor zu lassen. Einen Wissenschaftler oder eine Gruppe von Wissenschaftlern als Berater im Umfeld der Staatsgewalt zu installieren, bedeutet, ein noch unmittelbareres Abhängigkeitsverhältnis zu schaffen. Die dem durch die Wissenschaft verordneten Lockdown unterworfenen Firmen und Selbstständigen halten sich an die Regeln, weil die Staatsgewalt sie finanziell vernichten kann – sie halten jedoch nur so lange still, wie sie ihre materielle Versorgung (einigermaßen) aufrechterhalten sehen. Ein heikler Balanceakt für die Manager der Staatsgewalt. Zu spontanen Ausbrüchen von Gewalt außerhalb des Staats kommt es bisweilen bei jenen psychisch Gezeichneten, die nicht in Retroflektion, nicht in Depression flüchten.

5:13

In Wirklichkeit fällt die Macht der Wissenschaft geringer aus, als es dem Augenschein entspricht. Der Wissenschaft wird zu viel zugetraut, wenn man meint, sie habe aus sich heraus die Macht, ohne Weiteres der Politik diktieren zu können, was zu tun sei. Die jeweils zur angeblichen oder tatsächlichen Eindämmung der Pandemie ergriffenen Maßnahmen durchlaufen vor ihrer Verabschiedung und Verkündung einen politischen Prozess. Der wissenschaftliche Berater der Regierung kann nicht Beliebiges durchsetzen. An der Entscheidung sind neben ihm weitere Personen beteiligt, Politiker unterschiedlicher Parteien und Regionen sowie Vertreter unterschiedlicher gesellschaftlich bedeutsamer Interessengruppen. Sie alle wollen sich profilieren, wiedergewählt werden, als Wahrer der Interessen ihrer Klientel (Wähler, Mitglieder) reüssieren.

Zudem muss die Maßnahme dem ökonomischen Kalkül der «Machtrationalität» unterworfen werden: Eine Maßnahme könnte die bestgeeignete Chance zur Eindämmung der Krankheit bieten, aber wenn die Bevölkerung, der sie auferlegt werden soll, sie nicht zu großen Teilen akzeptiert, und wenn zu viel Widerstand einer starken Minderheit zu erwarten ist, wäre es politisch unklug, sie zu verkünden. Das Ergebnis bestünde in einer Abwahl der Regierenden oder, wenn dies in zu weiter Ferne liegt bzw. gar nicht vorgesehen ist, in Umsturz. Das Kalkül, wieviel Widerstand sich brechen lässt, ist außerdem von der Bereitschaft zur Repression innerhalb derjenigen abhängig, welche die Instrumente der Staatsgewalt derzeit bedienen. Sicherlich ist eine Diktatur meistens besser in der Lage, mit Widerstand kurzfristig fertig zu werden (obwohl das Durchsetzbare in einer Diktatur ebenfalls eine Grenze hat, jenseits derer der Diktatur der Umsturz droht). Darum wäre das Paradies eines jeden als Politikberater tätigen Virologen, wenn er zum Hegemon, zum Imperator, zum Kaiser oder eben zum Diktator gekürt werden würde. Sogar dann würde er allerdings der politischen Ökonomie der Staatsgewalt (mithin der Machtrationalität) unterliegen.

Diese politische Ökonomie der Staatsgewalt legte Pierre Bourdieu in seiner Vortragsreihe über den Staat 1989 bis 1992 dar: Das Allgemeininteresse wird in Kommissionen durch Aushandeln zwischen gesellschaftlich relevanten, das heißt: mächtigen Interessengruppen ermittelt. Die Beteiligung von Interessengruppen an dem Prozess des Aushandelns richtet sich exklusiv nach ihrer Fähigkeit, sich als, wie man in der Corona-Zeit sagte und nach ihr sagen wird, «systemrelevant» darzustellen. Eine Nichtbeteiligung, ein Übergehen, ein Frustrieren einer Interessengruppe würde gravierende Probleme in der Legitimierung und Aufrechterhaltung der gegenwärtigen Form der Staatsgewalt nach sich ziehen. Wer eine solche Fähigkeit, die aktuell an der Regierung befindlichen Fraktion der herrschenden Klasse in ihrer Machtposition zu bedrohen, nicht darzustellen vermag, bleibt in der Tat unberücksichtigt und wird übergangen. Bourdieu nennt es einen «alchemistischen Vorgang», mit dem die Partikularinteressen vor dem Durchlaufen der Kommission sich nach deren Durchlaufen in das Allgemeininteresse verwandeln. Er warnt vor dem «Staatsdenken in der Soziologie», dem die Soziologen erliegen, wenn sie die Behauptung der Staatsgewalt, das Allgemeininteresse zu vertreten, für bare Münze nehmen: Das Allgemeininteresse wird durch Staatsgewalt erst hergestellt. Dass Bourdieu am Ende des Lebens nach diesen gewaltigen Vorträgen selber dem Staatsdenken erlag, ist ein trauriger Kalauer der Wissenschaftsgeschichte. Plötzlich erklärte er ab Mitte der 1990er Jahre die Staatsgewalt zur tatsächlichen Trägerin des Allgemeininteresses, dem die «staatenlose Internationale» des Neoliberalismus böse zusetze. Die «staatenlose Internationale«, das ist das Äquivalent zu der

kaiserzeitlichen Rede von den «vaterlandslosen Gesellen»,
die es wagten, Gott, Vaterland, Militär und Biedermeier
vors Gericht des Humanismus zu zitieren. Es handelt sich
bei der Unterstellung, eine «staatenlose Internationale»
habe die Macht in zahlreichen Staaten der Erde zum Nachteil für Volk und Vaterland an sich gerissen, um eine krude
Verschwörungstheorie, eines Soziologen unwürdig, die jedoch das Narrativ der herrschenden Meinung (Meinung
der Herrschenden) bis heute bestimmt: Denn mit diesem
Narrativ konnte die Staatsgewalt die Risse kitten, die ihrer
Legitimität mittels von Erschütterungen der Kritik der
1960er bis 1980er Jahre beigebracht wurden.[1]

5:14

Im Laufe der 1960er bis 1980er Jahre erschütterten Entwicklungen und Ansätze der Kritik die Legitimation der
Herrschaft sowohl der Politik als auch der Wissenschaft
tiefgreifend. Die Erschütterungen gingen von zwei Quellen
aus, einer materialen und einer ideellen, welche sich gegenseitig speisten.

Auf materialer Ebene empfanden die Menschen schmerz-
lich, dass die Versprechen der Wissenschaft und der durch
sie geprägten Politik nicht einzuhalten waren. Trotz großer
Erfolge in der Medizin gab es immer noch schreckliche
Krankheiten, die einfach nicht zu besiegen waren, ja, die
scheinbar oder wirklich zunahmen (wie etwa Krebs). Die
technische Machbarkeit und Beherrschbarkeit der Umwelt
zeigte Nebenwirkungen, die Angst verbreiteten. Hunger in
der Welt ließ sich nicht überwinden. Trotz Einrichtung der
UNO wüteten weiterhin Kriege (wie etwa in Vietnam); der
Kalte Krieg und das ihn begleitende atomare Wettrüsten

---

[1] Vergleiche weiter vorn S. 77-83 sowie S. 90f.

bedrohten das Dasein der Menschheit. Dort, wo Frieden und Wohlstand herrschten, kam es zu einer psychischen Verelendung. Theodor W. Adorno und Max Horkheimer brachten dies mit ihrem Titel «Dialektik der Aufklärung» auf den Begriff, der das Denken einer ganzen Generation von Intellektuellen prägte.[1] Vor allem die sozioökonomisch privilegierte Jugend und ihre philosophischen Vordenker verloren den Glauben an Wissenschaft und Politik, setzten auf Nonkonformismus, auf Selbstorganisation freiwilliger kleiner Gruppen, auf ökologische Nischen. Man forderte, von wissenschaftlich-technischen Großprojekten und der sozialtechnokratischen Steuerungs- und Kontrollillusion gegenüber gesellschaftlichen Entwicklungen Abstand zu nehmen. Von heute aus gesehen waren das «die 1968er», wobei in den USA der Protest deutlich früher eingesetzt hatte, oder sind es «die Kulturmarxisten», obwohl in den USA bis Ende der 1960er Jahre der Anarchist Paul Goodman einen größeren Einfluss auf die Protestbewegung ausübte als der Kulturmarxist Herbert Marcuse.
Die Enttäuschung über nicht eingelöste wissenschaftliche Versprechen von glücklich machender Naturbeherrschung sowie optimierter sozialer Steuerung und Kontrolle schlug sich im ideellen Selbstbewusstsein der Wissenschaftler nieder. Die soziologische Kritik, eng verknüpft mit Jürgen Habermas' Slogan von dem «Erkenntnisinteresse» (1965), zeigte auf, dass Wissenschaft kein interessen- und machtfreier Raum sei. Das stellte die Objektivität ihrer Erkenntnisse in Frage. Der Begriff «Erkenntnisinteresse» ist derweil bis zur Unkenntlichkeit abgegriffen. Es genügt, falls (als fiktives Beispiel) der Virologe der Veröffentlichung voranstellt, sein Erkenntnisinteresse sei, herauszufinden, wie

---

1 Vergleiche weiter vorn S. 34ff.

das Virus sich verbreite. Die Provokation von einst, dass es neben, hinter oder über dem manifesten ein soziologisches und psychologisches Interesse ökonomischer oder machtpolitischer Natur gäbe, ist damit konterkariert. Die erkenntnistheoretische Kritik, die ihren Höhepunkt in Paul K. Feyerabends «Wider den Methodenzwang» (1975) fand, erklärte den Unterschied zwischen dem Wissenschaftler und dem Schamanen oder dem Astrologen zu einem sehr schlechten Witz. Und der Konstruktivismus fragt seit Paul Watzlawick «Wie wirklich ist die Wirklichkeit?» (1976). Wenn Erkenntnis interessengeleitet (und nicht objektiv) ist, wenn die Methoden beliebig gewählt werden können, wenn die uns umgebende Wirklichkeit als konstruiert erscheint, wie um Gottes Willen soll man auf solch sandigem Boden konkrete Maßnahmen der Staatsgewalt gründen?

Allerdings gelang es der Staatsgewalt erstaunlich schnell, die Protestbewegung einzufangen. Das Instrument damals war im Westen keine körperliche Repression (die eher in Ausnahmefällen eingesetzt wurde), sondern das bereits erwähnte *ökonomische* Instrument: Die Träger des Protests kriegten staatliche oder staatsnahe Jobs und ihre Betriebe wurden gut mit Steuergeldern ausgestattet. Zunehmend freundeten diese ehemaligen «Staatsfeinde» sich mit der Gewalt des Staats an, und sie erfuhren, wie bequem sie sich anbietet, um die eigenen Ideen gegen den Widerstand in der Bevölkerung durchzusetzen.

Zur Mitte der 1970er Jahre entwickelte sich eine weitere materiale Bedrohung für die Legitimität der Staatsgewalt vor diesem neuen Hintergrund. Um die Protestbewegung in die Staatsgewalt zu integrieren und um die übrigen, ungebremst weitergeführten Großprojekte finanzieren zu können, nahm die steuerliche Ausbeutung der produktiv Arbeitenden ein fast vernichtendes Ausmaß an. Gerade die

USA, vermittelt über den Transmissionsriemen des Dollar als Leitwährung aber auch alle übrigen westlichen Staaten, mussten zudem die ökonomischen Spätfolgen des Kriegs in Vietnam schultern.

Im Angesicht der Krise und des absehbaren Kollapses der Staatsfinanzen hörte die Politik auf eine Gruppe heterodoxer Ökonomen, die man heute unter dem Begriff «Neoliberale» zusammenfasst; stellvertretend nenne ich die zwei unterschiedlichen philosophischen und erkenntnistheoretischen Denkrichtungen entstammenden, in einer Reihe von aktuellen politökonomischen Fragen jedoch übereinstimmenden Nobelpreisträger F. A. Hayek (1974) und Milton Friedman (1976). Diesen Ökonomen ging es wie auch der Protestbewegung um eine Beendigung der Steuerungs- und Kontrollillusion sowie um Schonung der Ressourcen; Schonung der Ressourcen freilich ausgedrückt in Geld, wovon die Protagonisten der Protestbewegung nichts begriffen. Wie könnte man sich selbstverwaltete Strukturen aber vorstellen, ohne dass die dezentralen Akteure auch über die materielle Basis verfügen? Solange sie auf den zentralistischen Geldgeber der Staatskasse angewiesen sind, sind sie abhängig und nicht autonom. Die «spontane Ordnung», die Hayek nicht nur den totalitären, sondern auch den technokratischen Planwirtschaften entgegensetzte, legt den Grundstein sowohl für die Ökonomie als auch für die Ökologie der Freiheit.

Die Politik lieh den Neoliberalen damals für kurze Zeit – bis Ende der 1980er Jahre war der Spuk vorbei – ein Ohr aus zwei Gründen. Zum einen wollte die Staatsgewalt die Kontrolle über ihre Finanzen wiedererlangen: Da alle Mittel der öffentlichen Haushalte verplant waren, wollten Politiker durch Einsparungen wieder Mittel als Manövriermasse freikriegen, welche sie für neue Projekte und Aufgaben verwenden konnten; darum waren neoliberale Konzepte vorübergehend sogar bei sozialdemokratischen Regierungen beliebt. Zum anderen hatte sich auch eine handfeste neue Protestbewegung formiert, die die Begrenzung der Staatsgewalt forderte. Die Träger des Jugendprotests der 1960er Jahre stammten trotz Klassenkampf- und Proletariatsparolen aus der oberen Mittelschicht; sie verfügten über großes kulturelles und leidliches ökonomisches Kapital im Sinne Bourdieus. Ihr ökonomisches Kapital bezogen sie bzw. ihre Eltern allerdings fast durchgängig aus Mitteln der Staatsgewalt. Im neoliberalen Protest meldeten sich Träger von geringem sowohl ökonomischen als auch kulturellen Kapital und Träger von großem ökonomischen Kapital aus nichtstaatlichen Quellen zu Wort. Wer, für den Margaret Thatcher, 1979 in England zur Premierministerin gewählt, heute noch das rote Tuch des Neoliberalismus verkörpert, blickt, dass ihr Triumph ohne Unterstützung durch Teile der Arbeiterklasse unmöglich gewesen wäre?, der Teile, die nicht mehr bereit waren, die Orgien der Staatsausgaben mit ihrer Hände Arbeit zu finanzieren, Orgien, an denen sie keinen Anteil hatten, die ihnen im Gegenteil oft eher schadeten. (Allerdings hieß die Eiserne Lady sie einen nationalistischen Krieg finanzieren, was ganz und gar nicht im Sinne einer «staatenlosen Internationale» ist.)

5:15

Die Erfolge des Neoliberalismus stabilisierten die Staatsgewalt auf hohem Niveau. Nach der Stabilisierung wurde er von der herrschenden Meinung (Meinung der Herrschenden) entsorgt und dient heute nur noch als Popanz. Aber der Popanz ist für die Legitimierung der Staatsgewalt nach wie vor ausgesprochen notwendig. Denn obwohl es tatsächlich kaum zu einem Abbau von Staatsgewalt im Zuge des Neoliberalismus kam (manche dem Neoliberalismus zugerechneten Politiker wie Ronald Reagan haben gar zum beispiellosen Staatswachstum beigetragen), herrscht das Gefühl eines solchen Abbaus vor. Und dies hat wiederum mit der spezifischen Ökonomie der Staatsgewalt zu tun.

5:16

Die Tätigkeit der Staatsgewalt, ihre Maßnahmen, sind wie gezeigt Ergebnis des Aushandelns zwischen verschiedenen Interessengruppen, die das Privileg besitzen, am Prozess der Definition dessen, was Allgemeinwohl sei, teilhaben zu dürfen. Die Politik des Aushandelns gerät notwendig an zwei heikle Punkte:

1. Zum einen übt die Enteignung der Produktiven – das heißt die Steuererhebung – eine (negative) Wirkung auf die Produktivität aus. Das Ausmaß an Enteignung lässt sich nicht unbegrenzt steigern, um allen Begehrlichkeiten jeder Interessengruppe nachkommen zu können.

2. Zum anderen ist das ökonomische Kalkül, welchen Begehrlichkeiten nachzukommen sei, dort mit Verlusten an Legitimation verbunden, wo Begehrlichkeiten abgewiesen werden oder die Verringerung der Zuwendungen droht.

Dies besagt die spezifische politische Ökonomie staatlicher Herrschaft. Damit klärt sich der erwähnte Aufschrei in der Zeit von Corona, das Gesundheitswesen in dem einen oder anderen schwer betroffenen Land sei *totgespart* geworden, auf: Da in keinem der Länder eine Reduzierung der Quote des Staats am Bruttosozialprodukt stattfand, bedeutet er: Finanzmittel flossen nicht in dem Maße ins Gesundheitswesen, wie es dessen Vertreter gern gesehen hätten, vielmehr erhielten andere Interessengruppen sie. Weil nun die Gesundheitskosten in den letzten Jahrzehnten überall drastisch gestiegen sind, bedeutet totgespart nicht einmal, dass der Anteil des ökonomischen Wohlstandes, welcher für das Gesundheitswesen aufgewendet wurde, tatsächlich sank, sondern sich nur nicht in dem gewünschten Maße steigern ließ.

Die Interessengruppen wie Vertreter der Krankenkassen oder der Ärzte, der Arbeitgeber oder der Gewerkschaften usw. erobern nicht den Staat und üben ungebührlichen Einfluss auf ihn aus, sondern sie sind ihrerseits Kreaturen des Staats. Die Klage über den ungebührlichen Einfluss bestimmter Interessengruppen ist stets ein Teil des Machtkampfes zwischen Interessengruppen: Es klagt eine Interessengruppe, eine andere Interessengruppe verfüge über zu viel Einfluss.

Wenn es gelingt, jene, deren Begehrlichkeiten abgewiesen wurden oder die eine Verringerung der Zuwendungen hinnehmen mussten, davon zu überzeugen, nicht die Staatsgewalt sei Schuld an dieser Situation, vielmehr die staatenlose Internationale der Neoliberalen, lässt der Verlust an Legitimation sich auffangen und umkehren in einen Motor für eine weitere Verstaatlichung, also für Abbau der Räume von Selbstbestimmung und von Selbstorganisation. Das Narrativ der Bösartigkeit der neoliberalen Internationale und ihres weiterhin politikbestimmenden Einflusses ist demzufolge eine Funktion der Ideologie zur Herrschaftslegitimation.

Dass die beiden auf die Vergrößerung individueller und gruppenbezogener Autonomie, Selbstbestimmung und Selbstorganisation gerichteten Bewegungen in der zweiten Hälfte des 20. Jahrhunderts in feindlichen politischen und kulturellen Lagern verharrten, war ein großes Unglück für die Sache der menschlichen Emanzipation: Es war das Glück für die Staatsgewalt, die nach dem Motto des «teile und herrsche» verfuhr und fernerhin ohne Einschränkung schalten und walten konnte. An Ideen und Aufrufen, dass die Antiautoritären sowohl im progressiven als auch im konservativen Lager zusammenfinden, mangelte es nicht. Aber genauso, wie die Erben der Protestbewegung sich mit «Staatsknete» (so hieß das damals bei den Alternativen, die sich nicht korrumpieren lassen wollten) abspeisen ließen, gaben die Neoliberalen sich zufrieden mit staatlich überwachten und deformierten Privatisierungen und mit Aufforderungen an das Management von Behörden, Kliniken, Schulen usw., «wie Unternehmen zu handeln». Aber diese Scheinprivatisierungen schufen Monster, die fortan weder durch den Markt (dessen Bedingungen sie aufgrund ihrer öffentlichen Finanzierung oder ihrer Monopolprivilegien nicht ausgesetzt sind) noch durch die Politik (der sie aufgrund ihrer scheinprivaten Verfasstheit nicht unterliegen) kontrolliert werden können. Seitdem geben die Erben der Protestbewegung «den Neoliberalen», die Erben der Neoliberalen «den Kulturmarxisten» die Schuld an den Übeln der Gegenwart, während die Staatsgewalt von Kritik befreit agieren kann, wie es ihr beliebt.

5:17

Die Herrschaftslegitimation sah sich nun bis zum Ende des 20. Jahrhunderts wieder gesichert. Doch bedarf sie immer auch der Inhalte (Anlässe), mit denen die Maßnahmen der Staatsgewalt sich begründen lassen. Während die Religion diese Inhalte nicht mehr liefert, eignet sich nichts so gut wie die Wissenschaft. Sie lag aber mit ihrer Autorität, bestimmen zu können, was dem Menschen – und auch der Umwelt – nutzt und frommt, freilich ebenfalls am Boden. In den Anfangsjahren setzte die Ökologiebewegung auf Dezentralisation und Netzwerkorganisation und nicht auf Maßnahmen der zentralen Staatsgewalt, der man wie der

Wissenschaft misstraute. Heute heißt blindes Vertrauen in staatliche verkündete Wahrheiten «Protest».

Doch wie gezeigt bestand ein wesentliches Instrument der Staatsgewalt, die Protestbewegung zu integrieren, darin, sie finanziell zu alimentieren. In gleicher Weise verfuhr sie mit der Ökologiebewegung, in welche die Protestbewegung überging. Das verlockende Angebot lautete, die Hebel und die Mittel der Staatsgewalt nutzen zu dürfen, um ihre Ziele ohne die mühselige Überzeugung jedes Einzelnen durchzusetzen. Nun fiel die Wissenschaftskritik lästig. Statt eine plurale Wissenschaft anzunehmen, mussten die jeweils gewünschten Maßnahmen als die einzig wissenschaftlich fundierten deklariert werden. Wer dagegen unternimmt, die staatlich verkündeten Wahrheiten zu überprüfen, gilt nicht als mustergültiger demokratischer Bürger, der seine Mündigkeit lebt, sondern als «selbsternannter» Experte, als jemand, der Anmaßung betreibt.

5:18

Der entscheidende Schritt, um die Wissenschaft als Mittel zur Legitimation der Herrschaft wiederzugewinnen, fand während der Jahrzehnte vor der Zeit von Corona in dem sich etablierenden Narrativ vom Klimawandel statt. Zunächst entstand es außerhalb der Staatsgewalt in der Ökologiebewegung und richtete sich gegen die Wirkungen staatlicher Großprojekte und gegen die vom Staat seinen eigenen Betrieben (etwa der Infrastruktur zur Versorgung mit Straßen, Strom, Wasser usw.) sowie favorisierten industriellen Unternehmen eingeräumten kostenlosen oder kostengünstigen Verschmutzungsrechte. Doch dann geschah das gleiche wie einige Jahre zuvor mit der Protestbewegung: Die Staatsgewalt bemächtigte sich des Themas. Sie stellte Forschungs- und Wissenschaftsinfrastrukturen

in den Dienst von Modellrechnungen, schwor die ihr nahe-
stehenden industriellen Interessen darauf ein, den Klimawandel zu bekämpfen und «das Klima zu schützen» (eine
verunglückte Formulierung). «Wandel», zuvor ein positiv
gemeinter Kampfbegriff, dem sich nur verstockte, ewig
gestrige Konservative entgegenzustemmen trachteten,
wurde zur Schreckensmeldung: Ehemals Progressive ver-
kehrten sich in Vorreiter des Konservativismus. Politisch
deutete die Staatsgewalt das Thema Klimawandel in eine
Begründung für den Ausbau zentralstaatlicher Kontrolle
und Steuerung des wirtschaftlichen und privaten Lebens
um. Es fand eine eigentümliche Koppelung statt, die sich
ebenso in der Zeit von Corona wiederfand: Auf der einen
Seite werden bestimmte Hypothesen von favorisierten
Wissenschaftlern für einzig gültig erklärt, sodass übrige
Hypothesen als unwissenschaftlich zu gelten haben. Auf
der anderen Seite wird aus Hypothesen die Notwendigkeit
zentralstaatlichen Handelns wie eine logische Schluss-
folgerung abgeleitet. Doch diese Ableitung ist rein fiktiv.
Die Frage, ob Klimawandel stattfindet und gegebenenfalls
menschengemacht ist, hat nichts zu tun damit, ob die
Staatsgewalt den Betrieb von Dieselfahrzeugen verbietet,
deren Anschaffung sie über Jahrzehnte subventionierte
(weil der Dieselmotor als besonders umwelt- und klima-
freundlich galt). Wenn der Klimawandel als menschen-
gemachter stattfindet, so findet er statt als Wirkung des
Staatshandelns. Die Staatsgewalt aufzurufen, ihn zu bekämpfen, ist nicht logisch, nicht einmal plausibel. Doch die
Koppelung der Hypothese an ein politisch notwendiges
Handeln gehört zu den Grundfesten des Narrativs. Nein, es
sind nun gar keine Hypothesen mehr, sondern sie werden
per politischem Prozess verwandelt in religionsäquivalente
Wahrheiten.

Ohne eine solche Koppelung wäre auch der Lockdown in der Zeit von Corona nicht denkbar und nicht durchsetzbar gewesen. Corona-Maßnahmen waren vermutlich erst die Spitze des Eisbergs; irgendwann aber sei Feyerabend.

5:19

So, ja ich leugne den Konsens. Den Konsens der herrschenden Meinung, der Meinung der Herrschenden, dass Herrschaft notwendig sei – und gesund. Nein, Herrschaft macht krank und es gibt da eine Alternative mit dem schlichten und altehrwürdigen Namen Freiheit. Freiheit autoritär (im Sinne von Herrschaftlichkeit und Staatsgewalt) zu nennen, ist post-1984er Neusprech. Die Frage an jedwedes soziales Ziel lautet: Bedarf es zur Umsetzung der (Staats-) Gewalt? Nur wenn die Antwort *Nein!* lautet, handelt es sich um ein Ziel, das rechtmäßig angestrebt werden darf.